# LE FEU INTÉRIEUR

Fabrice Midal présente
MARIE-PIERRE DILLENSEGER

# LE FEU INTÉRIEUR

## 23 pratiques quotidiennes pour libérer votre vitalité

Robert Laffont

ISBN 978-2-221-25861-3
Dépôt légal : mai 2022
Éditions Robert Laffont – 92, avenue de France 75013 Paris

*Les deux guerriers les plus puissants sont la patience et le temps.*

Léon Tolstoï

# Prologue

Vingt-cinq ans d'accompagnement au service de l'autonomie et du déploiement des forces individuelles m'ont convaincue de l'importance absolue de la vitalité. C'est elle, et non la volonté, qui nourrit l'accomplissement. C'est elle, et non la résilience, qui permet le rebond après un choc, un deuil, une trahison. C'est elle qui convoque la chance après l'errance. La vitalité est la source de tous nos succès. Son absence se cache derrière bien des maux, physiques, familiaux et sociaux.

Notre capital de vie, ce que l'énergétique chinoise appelle le « souffle de vie » ou le *Qi*, est notre plus précieux bagage. La vitalité est comme un feu puissant, qui nous est donné à notre naissance et dont nous savons qu'il va se déployer, puis se réduire avec le temps. Ce feu intérieur nourrit la vie. Naturellement attribuée à la jeunesse, la vitalité est associée aux actes audacieux et au bonheur d'être en vie. Décrire ses manifestations et ses effets demeure plus facile que de précisément définir sa nature. Certains en ont beaucoup, d'autres peu. La vitalité se voit ou n'est pas.

À la naissance, nos forces de vie sont colossales et frénétiques. Le nouveau-né, si faible pourtant, mobilise une insatiable énergie de vivre, faisant savoir qu'il a faim, soif ou mal. Il prend toute la place, toute l'attention. Il émerveille et épuise tour à tour son entourage, lequel répond tant bien que mal à ses demandes vitales et dévorantes. Nous avons tellement de forces à revendre en début de vie que l'idée d'un étiage ultérieur paraît longtemps inconcevable, suscitant les craintes et les mises en garde des plus âgés.

Le stock de vitalité semble inépuisable, nourri d'abord par les soins et l'attention qui nous sont prodigués jusqu'à ce que nous comprenions – et acceptions enfin – l'absolue nécessité de prendre le relais nous-mêmes. Ce transfert de responsabilité est tellement naturel que nous n'y prenons pas forcément garde, conservant longtemps l'illusion d'un facteur chance ou malchance à nos côtés. Aussi rationnels que puissent être les Occidentaux, ils renoncent difficilement à l'idée des mauvaises fées présentes à côté de leur berceau, responsables de leurs malheurs ultérieurs.

En médecine chinoise, nourrir la vie est un ordre de mission sans équivoque. L'objectif est clair et ne se discute pas : en toute chose et en tout lieu, il convient de renforcer le Sheng Qi, l'énergie de vitalité, et d'affaiblir le Sha Qi, l'énergie tueuse. L'allégeance aux forces de vitalité est impérative. Toutes les disciplines chinoises y contribuent, qu'il s'agisse d'acupuncture, de Feng Shui, d'astrologie, de stratégie, de pharmacopée, d'arts martiaux, de Qi Gong, de Tai Qi ou encore de la simple gestion des affaires quotidiennes. Elles déclinent toutes la même approche, fondée sur une seule évidence : vivre, c'est alimenter chaque jour le capital de force vitale avec lequel nous sommes nés. Cette responsabilité est individuelle. La vitalité est la condition sine qua non de la santé, sans laquelle il n'est pas pensable de parler de prospérité. Il n'y a pas de longévité possible sans nourrissement actif des forces de vie.

La vitalité, pensée comme un muscle, n'est limitée que si nous ne l'entretenons pas. Elle doit être nourrie, choyée, captée et protégée. Les dépenses d'énergie inutiles, par arrogance, hubris ou inconscience, sont découragées. Toute l'attention est portée sur le renforcement de la vitalité et l'évitement de situations – actions, projets, lieux, personnes – énergivores. Le but n'est pas de durer mais de vivre pleinement connecté à soi-même. Rien n'est considéré comme acquis durablement. La présence à l'instant *t* est valorisée pour maximiser la vigilance aux circonstances (éviter les pièges et les erreurs), renforcer la force de frappe (accomplir) et éviter de se prendre la tête sur le passé qui n'est plus ou le futur qui n'est pas encore.

Cohérence, alignement et présence sont trois postures clés dans la maximisation de l'énergie vitale. Ces postures sont aussi physiques et mentales qu'émotionnelles. La vie est comme une trame, patiemment tissée au fil du temps par nos ancêtres d'abord, notre ADN, nos talents et nos expériences. Chacun de nos actes, chacune de nos décisions quotidiennes œuvre au renforcement ou à la fragilisation des fils qui la composent. Lorsque la vie ne tient plus qu'à un fil, c'est que le tissu s'est déchiré. La vie s'use plus vite sans une attention quotidienne à l'état de nos réserves énergétiques et la systématisation d'actes qui amplifient notre capital initial.

En énergétique chinoise, le temps est un allié puissant car il permet l'émergence des forces qui nous constituent à la lumière des obstacles et des opportunités rencontrés sur le chemin. C'est aussi grâce à lui, par le biais de l'expérience et des apprentissages, que nous apprenons à veiller à l'entretien des fils de vie. Le maillage est surveillé avec une extrême vigilance. Un mal de dos n'est pas mis de côté en attendant qu'il passe. Il est pris comme un message du corps, le signe incontournable d'un besoin de maintenance. La tristesse ou la colère ne sont pas enfouies, remisées, bannies hors du champ de la conscience. Elles sont acceptées et décodées comme le seraient des voyants rouges sur un tableau de bord.

Nous avons les manettes de ce tableau de bord, quoi qu'il nous soit dit, ait été dit ou n'ait jamais été dit. Nous seuls sommes capables de reconnaître, de valoriser et de décupler les forces de vie avec lesquelles nous sommes nés. Notre capital de vie à la naissance n'est pas plus infini (puisque nous mourrons tous un jour) que limité. Nos forces de vie sont extensibles, modulables, réactives. Nous devons assumer notre responsabilité de vivre par des choix, des actes et des postures qui valorisent – et du coup consolident – notre vitalité.

Les neurosciences ne disent pas autre chose aujourd'hui, quand elles affirment la plasticité du cerveau, même à l'âge adulte, et découvrent notre incroyable capacité de régénérescence et de réponse aux stimuli vertueux.

Les obstacles sont des freins et des lanternes. Ils représentent des étapes à passer, des défis à relever, des aiguillages à gérer. Ils sont là pour que nous allions mettre le nez dans la boîte à outils avec laquelle nous sommes nés – nos talents, nos forces, nos qualités – et acceptions de nous en servir. Nous ne sommes jamais testés qu'à hauteur de nos capacités.

Nous pouvons nous culpabiliser, nous reprocher ce qui n'est pas encore fait, ce que nous avons raté, mal fait, perdu. Avec le recul, ce qui n'a pas été fait est souvent ce qui n'avait pas à être fait. Ces tâches étaient prescrites par d'autres, pour d'autres, sur un chemin qui finalement n'était pas le nôtre.

Les injonctions présentées dans ce livre sont chacune au service d'un fil de vie. Chacune, pratiquée simplement, aussi souvent que possible, renforce la vitalité, cette force qui nous pousse à sauter du lit le matin et permet de passer les obstacles efficacement, sans amertume. Veillons quotidiennement sur chacun de ces fils. Alimentons notre feu intérieur.

Si l'enfance nous enseigne l'autonomie du corps, il faut toute une vie pour cerner, comprendre et apprécier les vertus de l'autonomie émotionnelle, mentale et sociale. Combien de temps s'écoule-t-il entre la pratique des premiers « non » colériques chez les tout-petits et l'apprentissage des refus salvateurs et des choix personnels enfin assumés à l'âge adulte ? Parfois très longtemps. Or la vitalité n'est pas plus une option qu'un privilège. Elle est la condition essentielle de notre santé, de notre capacité d'action et de rebond. Elle réside tapie au fond de nous, toujours prête à se réveiller et à accourir. Nourrissons-la en toutes choses. Faisons-lui de la place par des gestes du quotidien. Accordons-lui notre temps. Elle saura nous le rendre. Assumons notre désir de vivre.

Lorsque nous sommes en cohérence avec nous-mêmes, alignés par nos actes avec ce que nous savons de nos qualités et de nos talents, il ne reste plus qu'à avancer. Le terrain s'aplanit et les doutes s'estompent. La foulée s'allonge et la joie apparaît.

Nourrir la vitalité rend la vie florissante.

………………………………………………………………………………

Quand une plante s'assèche, vous l'arrosez, n'est-ce pas ?

Quand une plante s'étiole, vous la rempotez, n'est-ce pas ?

Quand une plante est parasitée, vous la traitez, n'est-ce pas ?

Qu'attendez-vous pour vous accorder la même attention ?

………………………………………………………………………………

# Vitalité, mode d'emploi

Si nous nous amusions à dessiner la vitalité, elle serait légère et vive comme un feu qui crépite. Si nous la colorions, elle aurait les couleurs de l'arc-en-ciel. Si nous la chantions, nous formerions un chœur de voix claires, puissantes et joyeuses. Si nous nous laissions porter par elle, nous serions comme une plume sur un ruisseau qui éclabousse ses berges à la sortie de l'hiver. Si nous la cuisinions, elle serait une explosion de saveurs. La vitalité se décrit mais ne s'explique pas.

Elle s'impose à nous lorsque nous rencontrons des personnes joyeuses, présentes à elles-mêmes et néanmoins attentives aux autres. Elle se reconnaît par un sentiment de joie, l'envie de se mouvoir et d'aller vers la réalisation aussi bien des tâches quotidiennes que des rêves en gestation. La vitalité est contagieuse. Elle est l'antidote à la tristesse. Elle est comme un muscle invisible qui ne disparaît jamais, sauf peut-être au moment où nous sortons de cette vie-ci. Elle va alors se nicher dans le cœur et la mémoire de ceux qui ont aimé nous côtoyer et vivre à nos côtés.

La vitalité est multiforme, espiègle et en continuelle mutation. Si sa nature est stable – source et fuel de toute vie –, ses manifestations évoluent selon le contexte, parfois d'un moment à l'autre. La vitalité va, s'installe et prospère là où elle est nourrie, accueillie, choyée.

Elle se cache, se protège et disparaît lorsque nous ignorons nos besoins, nos envies et nos désirs. Elle se replie, nous quitte alors, choisissant de ne pas contrarier nos choix mortifères, nos activités énergivores et nos addictions au malheur. Elle n'en demeure pas moins aux aguets, prête à se manifester au moindre pas vers elle. Elle revient au galop dès que nous retournons aux habitudes et pratiques vertueuses. La vitalité est têtue mais docile et peu rancunière.

Apprendre à la reconnaître, comprendre sa valeur et savoir la protéger comme une flamme chérie est au centre de tous les arts énergétiques chinois. La vitalité est un cadeau que nous recevons tous à la naissance. Elle s'entretient mais ne se stocke pas. Les efforts faits autrefois pour la servir comptent bien moins que les quelques minutes par jour que nous pourrions lui consacrer aujourd'hui.

N'attendons pas que les forces de vie s'amenuisent pour repérer dans quels moments, dans quels lieux et dans quelles activités se niche notre joie. Comme une flammèche dans l'âtre, protégeons et chérissons notre vitalité. Choisissons de nous lever plutôt que de nous figer. Allégeons notre quotidien. Soyons bienveillants avec nos cicatrices car elles attestent des combats dont nous nous sommes relevés. Recherchons les souvenirs, les lieux, les musiques et les nourritures qui alimentent, réveillent et activent notre vitalité. Retrouvons sa trace si elle s'est perdue car notre survie en dépend[1]. Recherchons la joie. Elle nous mènera à la vitalité.

La vitalité n'est ni une question de nature, ni une question d'âge. Elle est la jauge qui constamment nous ramène à l'essentiel, le signal qui alerte sur une perte de forces ou de sens, et sur le risque de nous égarer là où nous n'avons rien à faire, rien à apprendre et rien à véritablement donner. La vitalité est un guide vers l'équilibre et le déploiement de nos forces. Suivons-le.

Les vingt-trois postures qui suivent sont chacune nourricière d'un fil de vie. Leur pratique est simple, à la portée de tous. Elle tissera des bobines et des bobines de vitalité, chacune différente et toutes utiles au resserrement des mailles de notre trame énergétique.

Avant de confier notre désarroi à un médicament, avant de conclure que le bonheur n'est pas pour nous, avant de consulter, rappelons-nous à la vie qui est en nous. Osons nous souvenir de moments où nous étions heureux, actifs, à notre place. Ces forces ne nous ont pas quittés, elles se sont juste repliées, au plus profond de nous. Elles attendent notre bienveillance à leur égard, c'est-à-dire notre attention à nous-mêmes. Osons l'égoïsme au service des gestes simples et quotidiens

---

1. J.-H. Rosny, *La Guerre du feu*, Le Livre de Poche, Paris, 2015. Ce roman paru en 1909, adapté au cinéma par Jean-Jacques Annaud en 1981, décrit la vie aux temps préhistoriques. Il illustre l'avantage absolu donné par la maîtrise du feu. Préserver le feu était la condition de la survie. La relecture de cet ouvrage un siècle plus tard permet un fascinant parallèle avec notre époque. Si nous avons maîtrisé l'énergie du feu sous ses forces tangibles et notamment combustibles, nous sommes encore bien démunis dans notre capacité à réchauffer l'âme et à alimenter le feu intérieur.

qui nous mettent en joie et restaurent, jour après jour, l'appétit de vie. Alimentons notre feu intérieur.

Les fils qui mènent à la vitalité qui sommeille sont nombreux. Il en suffit d'un pour amorcer le retour à soi.

Essayons.

---

Parmi les cinq éléments de la pensée chinoise, piliers de la médecine traditionnelle et de l'acupuncture, le Feu est l'élément le plus subtil et le plus indocile.
Il est associé au visible et à l'invisible, au méridien du cœur et à la capacité de discernement. Sa manifestation est la joie. Sa force nourrit l'expansion, la diffusion et le rayonnement des idées, des savoir-faire et des sentiments. Il est au service du déploiement en toute chose. Le Feu guide et éclaire. Il permet l'ombre, sans laquelle nous serions éblouis et ne pourrions distinguer ce qui nous entoure. Il réchauffe, distille et transforme. Le Feu ne brûle que par excès, lorsque notre cerveau s'emballe ou que nos émotions sont trop longtemps restées tues.
Le Feu intérieur alimente la lumière du regard et permet, au-delà de toute réalité tangible, l'expression de notre âme.

---

**vitalité** *(n. f.)*

1. Caractère de ce qui manifeste de la vie ; dynamisme, énergie.

2. Capacité à survivre et à croître.

3. Qualité de l'être, essentielle pour maintenir la vie.

**Étymologie**

Du latin *vitalitas*. Lat. *vitalitatem*, de *vitalis*, vital.

**Antonyme**

Apathie
Atonie
Dépression
Langueur
Léthargie
Mollesse
Adynamie

# 1

# Levez-vous

*Le premier pas coûte,*
*mais c'est se lever qui compte.*

L'envie impérieuse de se lever le matin est l'un des meilleurs signes de vitalité. Le jour est accueilli comme un cadeau quotidien, un compagnon de route avec lequel nous allons œuvrer, avancer et agir. Aux États-Unis, ce pays sans volets, où la lumière du matin vient lécher les oreilles, l'incitation à se lever est directe et franche. Fenêtre ouverte, les bruits de la ville ou les oiseaux donnent le ton. La vie nous appelle. La manière dont nous lui répondons en dit long sur l'état de notre réserve énergétique.

Le corps peut être lent à se mettre en mouvement, mais l'envie d'être debout, rapide. Au réveil, nous sommes prêts à déployer notre énergie ou au contraire enclins à refuser l'engagement. Le lit est un tremplin ou un cocon, selon les opportunités ou les corvées à venir. Aborder avec entrain les jours plombés d'avance est difficile, sauf à avoir eu la sagesse d'y insérer des plages de répit et des moments de satisfaction.

Qu'avez-vous prévu aujourd'hui, demain, comme sas de respiration ? Rien ? Et dans quelques jours ? Ce week-end ? Le mois prochain ? Toujours rien ? Faudra-t-il attendre que vous ayez déménagé, changé de job, divorcé ? Cet après est comme un mirage ou une carotte jamais donnée à l'âne que nous devenons quand nous différons encore et encore le moment de nous occuper de nous. Arrive un jour où la monture refuse d'avancer, voire cède sous la charge. Ce jour-là, se lever est particulièrement difficile.

En énergétique chinoise, l'état de repos, force dite *yin*, est la condition du mouvement, force dite *yang*. Le grand *yin*, l'immobilité absolue, est associé à la mort physique. Nous vivons parce que nos cellules se meuvent et se transforment sans arrêt. Même au repos, les fluides circulent à l'intérieur de notre corps. La vie est du côté du mouvement. Celui-ci n'est cependant durablement possible que si nous alimentons nos forces physiques, émotionnelles et mentales, et n'en abusons pas. Comme en banque, dépenser plus que nous ne recevons est risqué. Lorsque nous avons du mal à nous lever le matin, de la chaise ou du fauteuil dans la journée, l'équilibre vertueux au service de la santé a été rompu. Que dire quand la société tout entière est assise ?

Une étude place les Français dans le top 3 des Européens les plus assis dans une journée. Nous sommes sur notre chaise en moyenne 7 h 24 par jour, soit deux minutes de moins que la moyenne européenne[1]. Les plus

1. « En moyenne, les Français restent assis 7 h 30 par jour », *L'Express*, 30 mai 2018.

assis sont les 18-35 ans, 9 h 19 par jour, contre 6 h 53 pour les plus de 50 ans. Combien de temps passez-vous assis, chaque jour, chaque semaine, chaque année, chez vous, au travail, dans les transports ?

Autrefois, seuls les rois, les reines et les dignitaires siégeaient, légiférant du haut de leur trône. Aujourd'hui, être assis est devenu la norme. Nous agissons assis. Les assis ne sont plus les paresseux, les nantis et les fatigués.

En médecine chinoise, le mouvement et le délié sont essentiels à l'entretien du corps. La souplesse est une condition de la santé. Les longues positions assises favorisent quant à elles les digestions lentes, les ruminations gastriques et les accumulations graisseuses. L'immobilité alimente l'inertie et décourage le mouvement. Le mouvement, lui, renforce les forces de vie.

Se lever a plusieurs avantages.

**Le premier est stratégique**. Debout, nous gagnons de la hauteur et la perspective s'élargit. Assis, nous perdons de l'altitude, l'équivalent d'un tiers de notre taille. Nous voyons moins loin. Nous sommes aussi moins prêts à détaler. Les courses de vitesse démarrent debout.

Faire la chasse à tout ce qui abaisse le regard n'est pas de l'arrogance mais du respect vis-à-vis de qui nous sommes. Pascal a fini par casser le plan de cuisine pourtant refait à neuf par la propriétaire précédente, « une petite dame ». Le temps de l'adaptation impossible était passé. Il en a eu assez de se casser le dos et a suivi le conseil avisé de son ostéopathe.

**Le second est physiologique.** Se lever redresse les épaules et ouvre la cage thoracique. En nous séparant de la chaise, les intestins, soumis à la force de gravité, se déplient. Les circulations internes s'activent et se régulent. Nous respirons autrement, plus amplement. Les freins invisibles à l'action se desserrent. Ceci est un gain d'énergie.

**Le troisième avantage est énergétique.** La position assise, état intermédiaire entre position couchée et verticale, crée un espace vide entre le siège et le sol. Elle sépare le *tan tien*[1], notre centre énergétique vital, de la terre, forçant un flux à angle droit des pieds vers le ventre. Cette infime différence de parcours du bas vers le haut est pour la plupart des personnes un non-sujet. Elle ralentit néanmoins notre lien avec la terre, nous isolant un peu plus des forces telluriques. La déconnexion (à la terre) en est accentuée et la circulation en pâtit. Si les jambes sont lourdes et fatiguées, mieux vaut d'ailleurs s'allonger et relever un peu les jambes que de s'asseoir. Au minimum, décroisez les jambes.

Les dessinateurs et architectes ont été des pionniers en adoptant des tables à dessin permettant la position debout et la mobilité latérale. Les bureaux à hauteur variable existent. Essayez-les. Depuis des années, je ne travaille plus que debout.

Pouvoir actuellement travailler en tout lieu, dans un train, sur une plage ou au bord d'une piscine, est une avancée technique majeure, pondérée néanmoins par le fait qu'elle nous maintient de plus en plus assis. L'innovation des ordinateurs portables et des tablettes nous permet d'être partout sans plus aller nulle part. En 2018, l'Organisation mondiale de la santé a ajouté l'addiction aux jeux vidéo dans son *Manuel de la classification statistique internationale des maladies*. L'impact négatif sur

1. Le *tan tien* moyen ou inférieur, souvent appelé *hara* ou « ventre », est considéré comme le centre de gravité de la personne et le centre de son énergie.

la santé de l'immobilité en chambre face à un écran est largement documenté[1], l'addiction étant repérée chez 12 à 19 % des joueurs masculins et 7 % chez les femmes.

Redressons-nous le plus souvent possible. Sortons également de nos réduits : les soupentes transformées en chambre ou en bureau « pour gagner de la place » ne méritent pas d'abriter notre sommeil ou notre travail. Osons nous approprier les espaces dégagés. Laissons vides les espaces étroits. Choisissons la respiration ample et la liberté à occuper largement nos propres espaces.

Voici quatre points de vigilance pour y arriver :

**1. Évaluez le temps passé assis et statique et celui passé debout et mobile.** Ajustez vos habitudes jusqu'à un nouvel équilibre. Un tiers de vos journées devrait être consacré au mouvement. La gymnastique mentale ne compte pas. Mettez des oreillettes, passez vos coups de fil en vous baladant.

**2. Privilégiez les éléments mobiliers favorisant la posture redressée.** Ne vous asseyez que si vous êtes fatigué. Travaillez debout le matin et assis l'après-midi par exemple. Lorsque je travaille loin de chez moi, sans ma table haute, je n'hésite pas à empiler les meubles en mettant une petite table sur une plus grande, avec des livres en renfort, pour atteindre la hauteur idéale. Je tiens mes réunions debout.

**3. Vivez les situations qui vous forcent à être debout comme des opportunités.** Repérez l'avantage qui peut s'y glisser et tirez les conclusions qui s'imposent. Si vous êtes arrivé en retard et que personne ne vous a gardé une place, donnez-vous le droit de repartir discrètement avant tout le monde. Voilà un gain de temps inespéré.

1. *Addictive Behavior Journal*, 6 janvier 2021.

Si la place assise convoitée est à céder à une personne âgée, campez-vous sur vos deux jambes, remerciez votre corps. Arrivera un jour où vous regretterez la force de vous tenir debout, même pour faire la queue devant un guichet. Écoutez les plus âgés, ils le confirmeront.

**4. Ne vous accommodez pas de situations basses,** en centimètres et en valeur, métaphoriquement ou réellement. Respectez l'être que vous êtes. Éloignez-vous, quittez les lieux qui vous étouffent, déclinez les invitations, faites la sourde oreille ou le mort. Se lever n'est pas qu'une posture physique. Vous pouvez être « debout » en étant couché ou assis dans un fauteuil.

Tablez sur la durée. Reculer, pour mieux se redresser, est une avancée.

**5. Travaillez les exercices physiques qui ouvrent la cage thoracique et redressent les épaules.** Les mêmes mouvements répétés tous les jours à heure fixe font merveille sur le long terme. C'est à trente ans que se façonne un dos droit à un âge avancé. Rapprochez-vous d'un professeur de chant. Ses conseils seront précieux. Personne ne chante assis dans un concert. Debout, la voix porte mieux.

Une fois levé, avancez. Avancez, ne serait-ce que d'un pas. Demain, vous poursuivrez. Le mouvement entraîne le mouvement et la nuit porte conseil.

***

## Si vous ne faisiez qu'une chose pour vous lever :

Levez-vous !

Si vous vous retrouvez coincé – en réunion, dans un repas de famille – avec des personnes qui ne vous entendent pas, laissez monter la vague de tristesse ou de colère, puis visualisez un rocher au milieu d'un torrent. Voyez l'eau qui monte, arrive et vous contourne. Voyez la vague se fracasser sur votre immobilité, votre silence et votre refus d'engagement. Vous êtes comme un roc. Les éclaboussures sécheront et se nettoieront plus tard. Surveillez l'alignement, redressez les épaules, même assis ou couché. Ne baissez ni la tête ni les yeux. N'hésitez pas à regarder dans le vide. Souriez de l'intérieur. Connectez-vous à un paysage, une mémoire, un être aimé et laissez passer.

Si le découragement pointe et que vous pouvez vous lever, faites au moins le tour de la pièce, de l'appartement, du couloir. Forcez-vous à sortir prendre l'air. Certains le font en allant fumer une cigarette dehors. Dans ce cas, ne restez pas au pied de l'immeuble, faites au moins cent mètres (évidemment moins confortable en fumant). Jetez la cigarette et faites d'une pierre deux coups.

## Si vous n'avez que cinq minutes :

Posez ce livre, levez-vous, allez à la fenêtre. Ouvrez-la. Prenez une grande inspiration en fixant l'horizon ou le point le plus lointain du paysage rural ou urbain que vous avez sous les yeux. Penchez-vous, levez la tête, respirez. Puis revenez à la position initiale et fermez les yeux une minute. Pas plus.

Vous venez de récupérer du terrain.

# 2

# Allégez-vous

*Plus c'est simple,*
*plus c'est simple.*

Les signes du stress chronique – angoisses, palpitations, difficultés de concentration, insomnie, fatigue, déprime, etc. – n'attestent en rien de notre fragilité supposée. Ils sont là pour donner l'alerte lorsque le système immunitaire et la résilience patinent. Une angine à répétition, un mal de dos, un mal-être diffus sont autant d'invitations à scanner l'environnement de vie, les conditions de travail et les charges courageusement assumées. Quelque chose appelle notre attention et invite à un ajustement. Nous avons tiré sur la corde et ignoré l'usure. Le système de régulation dysfonctionne. Ce n'est pas nous qui dysfonctionnons.

Faire taire le symptôme en l'anesthésiant est tentant et ponctuellement utile mais inefficace sur le long terme. Ignorer notre malaise est aussi dangereux que d'ignorer une canalisation fatiguée ou de s'en prendre au réveil, alors qu'il sonne à l'heure dite. Le problème n'est ni le réveil ni la tuyauterie, mais notre capacité à *faire avec*, à *faire quand même* et à *faire taire la voix intérieure* qui tire la sonnette d'alarme.

Sans arrêt sur image, prise de conscience et ajustement, le passage par la case « accidents de vie » est souvent le seul indicateur de l'urgence du retour à l'équilibre, dictant immédiatement et sans hésitation le retour à l'essentiel. Il faut alléger la barque en donnant l'absolue priorité aux forces de vie. C'est le moment de lâcher du lest, de faire du tri et d'identifier les charges inutiles. Quand on doit réapprendre à marcher, une collection de chaussures perd vite de sa valeur. Quand on a perdu un conjoint, ce qu'il était si facile à faire à deux se met vite à peser. Quand un mal de dos s'installe, voyager léger est une évidence.

À l'image de la grenouille qui nage dans une casserole d'eau froide sur le feu, il est difficile de nous apercevoir des charges, des tâches, des responsabilités qui s'accumulent et alourdissent nos quotidiens professionnels et personnels. Incités, puis habitués à plus, encore plus, nous nous retrouvons régulièrement piégés dans un monde complexe, dans lequel nous devenons de moins en moins autonomes. Qui n'a pesté contre la pléthore de mots de passe qu'il nous faut connaître – et retrouver – pour assurer les tâches quotidiennes ? Les *objets connectés* ont gagné du terrain pour nous *simplifier la vie* mais j'ai quant à moi fait le tour des *applications utiles* qui finalement *me compliquent la vie*[1].

1. Samuel Greengard, *The Internet of Things*, MIT, Cambridge, 2015 (revised and updated edition, août 2021).

Jeter l'objet lui-même plutôt que de s'adapter à son mode de (dys)fonctionnement est un acte courageux que j'applique et recommande.

Mais peut-on jeter un patron, des collègues, son travail ? Peut-on balancer par la fenêtre le mari, la tondeuse et les voisins ? L'épouse, le prêt récemment signé et la loyauté professionnelle ? Non, évidemment. Dans un premier temps, la prise de conscience du trop-plein ou des contraintes est frustrante parce qu'il semble impossible de bouger les lignes. Nous nous retrouvons coincés dans des situations que nous avons choisies, acceptées et parfois même souhaitées. La maison secondaire, le cheval et le chien étaient un rêve enfin réalisé. Mais, depuis, les circonstances ont changé. Les missions aux quatre coins de l'Hexagone ou de la planète étaient exaltantes, mais ces derniers temps, l'idée même de dormir dans un hôtel fatigue d'avance. Organiser le repas de fêtes comme tous les ans depuis quinze ans tout d'un coup plombe. Pourquoi vous, encore vous, toujours vous ?

En pleine tempête, nous avons à endurer, laisser passer, attendre que l'accalmie arrive. Lorsque les engagements sont pris, il est parfois impossible de faire demi-tour. Il faut alors endurer encore et attendre que le mal de dos s'estompe, que la frustration s'atténue et que les forces reviennent en partie. C'est à ce moment-là, quand nous serions presque prêts à remontrer sur le manège qui nous a laissés exsangues, que nous devons réagir. La difficulté est à saisir comme un marqueur, une opportunité d'ajustement, nous invitant à nous tourner résolument vers la suite.

Nous ne pouvons pas défaire les aiguillages anciens, ceux qui nous ont menés dans l'impasse actuelle – difficultés conjugales, conflit professionnel, problèmes de copropriété ou de voisinage –, mais nous pouvons nous préparer aux suivants et dès à présent alléger la barque.

Si toutes les vacances dans la belle-famille se terminent par une dispute, réservez dès à présent une location à l'autre bout du pays. Si chaque projet se solde par la perte de vos week-ends, préparez-vous à ne plus vous porter volontaire. Si chaque dîner entre amis se conclut par un partage non équitable de la note, apprenez à oublier votre portefeuille.

Commencez à simplifier. Allégez vos responsabilités, vos engagements et vos placards. « Plus c'est simple, plus c'est simple » est l'un des secrets les mieux gardés. Ses implications sont majeures.

Si les films d'aventures s'arrêtent quand les épreuves sont terminées et la paix retrouvée, c'est que la vraie vie commence à ce moment-là. Une vie simple, une relation sans histoire, une année sans crise n'excitent ni les neurones ni l'imaginaire collectif mais permettent le centrage, jour après jour, sur les forces utiles à la vie. La vitalité se nourrit de simplicité, de régularité et d'allergie aux embrouilles.

En énergétique chinoise, la phase de simplification d'une idée, d'une vie ou d'un projet correspond à l'élément chinois du Métal. Elle survient en fin d'un cycle à cinq phases, listées ci-après :

1. La naissance.
2. La croissance.
3. L'expansion/apogée.
4. La stabilisation/consolidation.
5. La simplification.

Lorsqu'une idée surgit (naissance, phase Eau), elle va grandir (croissance, phase Bois), se répandre (expansion, phase Feu), prendre racine (consolidation, phase Terre), puis se réduire à sa substantifique moelle (élagage, phase Métal) avant de disparaître en cédant la place à une « nouvelle idée ». Ce cycle se répète à l'infini. Cette répétition est essentielle au renouvellement des forces de vie.

Le monde contemporain bute naturellement sur la phase 5, celle de la simplification et du retour aux bases. Nous avons tous une boîte, un placard, un garage « plein de choses » qui ne servent plus, que nous n'utiliserons plus jamais mais que nous gardons encore. La rationalisation de l'obsolète qui « pourrait encore servir » cache la force d'inertie d'un système qui a du mal à inverser sa vapeur. Plus l'accumulation est importante, plus il est long et difficile de délester. Changer d'habitude, de lieu, de mode de vie prend du temps et mobilise des forces que nous pensons ne pas avoir. Comme pour un deuil, l'effort de simplification se fait par étapes, en résistant à l'idéalisation du passé ou à son corollaire, la remise en cause des choix antérieurs. Quitter une grande maison pour un appartement, se séparer d'une garde-robe, vider un atelier n'est pas tant la conséquence d'un déclin (grand âge, fin de vie, fragilité) qu'un repositionnement courageux pour mieux continuer d'avancer. Nous allégeons la barque pour aller plus loin.

Le lieu est l'écrin de notre énergie vitale. Plus nous sommes entourés d'objets en cohérence avec notre mode de vie et nos besoins actuels, plus nous activons notre ancrage dans la réalité. Nous devons constamment désherber pour ne pas nous laisser envahir par les miasmes du passé, les repousses des histoires anciennes et faire de la place pour ce qu'il reste à déployer. En clair, faites la chasse à tout ce qui ternit le présent et obstrue le chemin vers le futur.

Ranger, trier, donner, vider, éliminer concernent autant l'espace physique que l'espace émotionnel ou mental. Les avancées ne peuvent véritablement se mettre en place que si nous tolérons une part de vide dans nos vies, c'est-à-dire des temps morts, des temps de pause, des moments où nous ne faisons rien. Il ne s'agit pas de glander mais de reprendre son souffle, de respirer, de laisser advenir ce qui est en cours et en chemin vers nous quand bien même la visibilité est nulle. Certaines personnes m'ont confié leur angoisse face au placard ou au tiroir vide, liée à un deuil personnel ou ancestral encore prégnant. Forcer est inutile. Attendre est sage, jusqu'au jour où l'impulsion du nettoyage et du tri surgit. L'espace vide devient alors un terrain d'atterrissage pour des objets (et des personnes associées) qui ne se sont pas encore présentés mais que nous devenons prêts à accueillir.

L'âge qui naturellement induit la simplification est celui où l'on se retrouve sans enfant à la maison, sans parent à charge, quand l'animal de compagnie ou l'un des conjoints décède. La maison est devenue trop grande, les charges trop lourdes et le silence trop profond. Se tapit alors à proximité de nous *la possibilité d'une nouvelle vie dans cette vie-ci.* L'allègement, pour certains le changement de lieu, de région et d'habitude, en est la condition.

Plus nous attendons, plus la tâche est difficile et plus l'effet mirage agit. A contrario, plus nous anticipons en vendant, donnant, refusant d'accumuler davantage, plus nous nous simplifions la vie. Plus notre mode de vie devient fluide. Le simple appelle le simple. Le compliqué appelle le compliqué. Arrive un jour où refuser une responsabilité, résister à un achat et tout simplement se poser est un signe de vitalité, plus que de faiblesse ou d'égoïsme.

Nous sommes le gardien de notre temps et de notre espace. C'est en gagnant du temps pour nous, nos envies, nos besoins et nos désirs que nous allongeons nos vies. C'est en occupant pleinement notre territoire, en arrêtant de le partager avec des objets et des tâches qui ne nous intéressent plus, que nous récupérons des forces que l'âge pourrait soi-disant nous prendre.

***

## Si vous ne faisiez qu'une chose pour vous alléger :

Pendant une semaine (idéalement un mois), n'achetez aucun objet, aucune denrée, aucun vêtement sans vous séparer au préalable d'un équivalent présent chez vous. En clair, maintenez un équilibre précis entre ce qui sort et ce qui entre dans votre intérieur. Le mot d'ordre est de ne rien ajouter. Si les choix sont difficiles, reportez l'achat contrarié à la semaine suivante, quand l'exercice sera terminé.

Ce challenge est une détox qui allège l'environnement dans lequel nous vivons ou travaillons et éventuellement le porte-monnaie. Mais l'objectif n'est pas financier. Il est d'accroître la vigilance en enrayant l'habitude de ne pas avoir à choisir. Il stabilise la situation existante en prévenant l'ajout d'aliments, de meubles, d'objets le temps de nous reconnecter à nos besoins véritables et à nos manques réels ou imaginaires.

Il ouvre la voie de la réévaluation. L'enjeu n'est pas de moins acheter ou de moins dépenser, mais de conscientiser l'acte d'ajouter – ou pas – du poids dans les placards, les armoires et les intérieurs. Changer le mode d'achat change la posture.

L'exercice ouvre la voie à des choix plus cohérents, au service de l'alignement. Il est un pas vers le vertueux, c'est-à-dire une conscience plus affirmée de l'essentiel, tel que nous sommes capables de le définir. Il permet de créer du vide là où régnait le (trop-)plein.

## Si vous n'avez que cinq minutes :

Déplacez à demain une chose que vous pourriez faire aujourd'hui.

Ou :

Identifiez un objet dont vous allez vous défaire dans les semaines qui viennent parce que, d'une manière ou d'une autre, il encombre votre environnement, votre mémoire et votre capacité d'avancer. Ne forcez rien sur le moment. Habituez-vous d'abord à l'idée de le voir s'éloigner de votre vie. Le moment venu, agissez rapidement, sans état d'âme.

# 3

# Aimez vos cicatrices

*Les cicatrices attestent de*
*la force de notre vitalité.*

Nous portons tous des cicatrices, physiques ou morales, que nous cachons par pudeur, honte ou lassitude. Partager est rarement possible, souvent inutile. Ceux et celles qui ne sont pas concernés détournent la tête et ne veulent pas voir. Les cicatrices dégoûtent ou fascinent. Elles mettent mal à l'aise parce qu'elles témoignent de ce que nous sommes mortels.

Pourquoi courir le risque d'un regard inquisiteur, vide ou qui se détourne et raviver la mémoire de douleurs anciennes ? Parce que chaque cicatrice est un marqueur, un rappel de ce que nous avons traversé et un trait d'union entre ce que nous étions et ce que nous sommes devenus.

Avec le recul, toute cicatrice est une médaille. Elle montre notre résilience, cette capacité à passer les obstacles, qu'il s'agisse d'une chute de trottinette à six ans, d'une opération à cinquante ou d'une agression qui a changé à jamais notre rapport au monde. Des femmes m'ont montré leur cicatrice de césarienne. Certaines ne cachent pas ou plus leur corps après une opération du sein sans chirurgie réparatrice. La cicatrice est un signe de mémoire. Elle atteste de notre force à vivre *quand même et encore.* Elle interpelle notre capacité à nous aimer tels que nous sommes et sollicite notre propre regard bienveillant sur nous-mêmes. Elle invite à voir ce qu'il faudrait ne jamais montrer. Elle est comme un test quotidien de réconciliation avec soi-même.

Les anciens combattants se montrent leurs cicatrices de guerre. Ils parlent de leurs blessures *entre eux.* Chaque narration de la même histoire est comme une pommade qui huile la surface qui a tant souffert autrefois. Le geste patient et régulier de nourrir aujourd'hui la plaie ancienne par une crème ou en onguent, bien après la cicatrisation, est médicalement superflu. Énergétiquement, il apaise, protège et consolide ces lignes d'érosion artificielles sur le corps. Les énergéticiens et les magnétiseurs les repèrent rien qu'en passant la main autour de notre enveloppe corporelle, sans avoir besoin de toucher ni de voir[1]. Les cicatrices représentent des lignes de fuite énergétique tant que nous n'avons pas encore conscientisé le service qu'elles nous ont rendu et continuons à penser que le danger associé est à venir. Or si elles sont là, c'est que la bataille et l'épreuve ont déjà eu lieu. Le défi a été relevé. L'événement est terminé. Nous y avons survécu.

1. Françoise Brion, Luc Tonnerre, Francis Bourgois, *Soignez vos cicatrices physiques, énergétiques et émotionnelles*, Bussière, Paris, 2019.

Sur la peau, la cicatrice est un sillon jamais comblé, un tatouage naturel en couleur de chair dont on aimerait se défaire. Parfois encore douloureuse, la plaie refermée atteste de la collaboration efficace entre notre corps et sa colossale capacité de guérison, et notre âme, qui a su ne pas profiter de l'occasion pour capituler, se recroqueviller ou se mettre en stand-by. Tourner la page, faire comme si de rien n'était ou comme si nous n'avions aucun mérite – « le chirurgien a fait un excellent travail, je n'ai pas vraiment eu mal, c'est de l'histoire ancienne » –, congédie le courage et la force qui ont accompagné la guérison. La cicatrice est un signe *en creux* de vitalité.

Lorsque la blessure est émotionnelle, morale ou professionnelle, elle ne se voit pas. Elle est invisible, peu localisable, puisque c'est l'âme qui a été touchée. Elle se révèle dans un soupir, des épaules baissées et une certaine lenteur face aux forces de vie qui, elles, continuent de cavaler autour de nous, indifférentes. La plaie d'âme n'est cicatrisable que si l'incident est clos et que des actes ont pu être posés pour prendre de la distance. Ce processus est long. Tant qu'il n'est pas achevé, la gestion de la plaie, invisible mais encore ouverte, siphonne une part non négligeable de notre énergie vitale. La réparation nécessite de tisser et retisser des fibres énergétiques saccagées. En apparence, il ne se passe rien et la tentation est grande de penser que l'on ne s'en sortira jamais. Cela est ignorer l'effet thérapeutique du temps, chaque jour étant porteur d'une autre énergie[1].

1. Marie-Pierre Dillenseger, *La Voie du Feng Shui*, Dunod, Paris, 2016.

Le temps est considéré comme une force agissante et décodable dans la pensée classique chinoise. Chaque jour, chaque mois, chaque année nous met en relation avec une nouvelle énergie, selon un cycle de 60 jours (2 mois), 60 mois (5 ans), 60 ans. Cette vision du monde permet une posture d'attente active et une collaboration effective avec le temporel.

Guérir trop vite, se forcer à aller bien, faire bonne figure, est émotionnellement risqué. L'entourage souhaite que nous tournions la page et allions de l'avant. Mais mariner dans la douleur et les regrets est thérapeutique, comme s'il fallait que le poison et son antidote trouvent un point d'équilibre et d'accommodement, échappant à la raison et à la volonté. Cela parce que les blessures émotionnelles touchent l'âme et que leur guérison se fait selon des rythmes et des règles qui échappent partiellement à la raison. Chérir ses cicatrices est un moyen de s'ancrer dans la réalité, de jauger sa force et de prendre graduellement de la distance par rapport à la blessure elle-même. Avec le temps, les chagrins d'amour laissent la place au bonheur d'avoir vécu intensément et, plus souvent que l'on ne l'admet, à l'étonnement d'avoir tant souffert pour quelqu'un qui n'en valait pas la peine.

Ne sous-estimons pas la *valeur* des blessures encore partiellement ouvertes et dont nous entretenons le report de guérison le temps d'un deuil. Ne nous forçons pas à faire trop vite bonne figure. Protégeons notre deuil et notre peine. Quand mon père est décédé à cinquante-six ans, je me suis découvert une prédilection pour les notices nécrologiques. Je m'étais organisée pour ramener chez moi les exemplaires périmés du *New York Times* afin de me repaître, en boucle et à mon rythme, de la litanie des décès. Le deuil des autres adoucissait le mien. Ces lectures me faisaient du bien car elles volaient au temps collectif un temps de deuil personnel dans un pays où personne ne connaissait mon père, ma terre natale ou ma vie d'avant l'expatriation. Chaque lecture alimentait l'énergie du deuil tout en m'en distrayant, puisqu'il s'agissait de celui des autres. Et puis un jour, j'ai changé de travail et oublié sans m'en apercevoir cette habitude nécrologique. Seules deux autres personnes dans ma vie ont manifesté le même penchant, qui n'était autre qu'une technique inhabituelle pour passer l'obstacle du mieux possible. Lorsque nous nous sommes rencontrés, le plaisir de l'échange a été irréel et intense.

Les techniques ancestrales chinoises proposent une palette de postures permettant de se prémunir, de se repositionner et de repérer toute situation qui entraînerait un stress chronique ou répété. L'objectif est la prévention des déséquilibres, considérés comme la source des pathologies. Le médecin et l'acupuncteur interviennent en amont, quand la personne est en bonne santé, pour renforcer le flux des méridiens et le bon fonctionnement des organes. Cette approche voit la non-permanence (c'est-à-dire la transformation) des choses et des états comme la règle et non l'exception. Elle permet de mieux absorber les chocs et de mieux pondérer les aléas de la vie.

Il est maintenant reconnu que les traumatismes, les épisodes de stress et l'adversité chronique ont un impact notable sur le fonctionnement et la structure du cerveau, entraînant chez certains la dépression, le stress post-traumatique et des désordres psychologiques. Les recherches actuelles

en neurosciences confirment l'intérêt des lectures croisées et des approches multidisciplinaires. Il n'est plus question aujourd'hui de cause unique, de culpabilité, ni de faiblesse naturelle, condamnant sans appel les individus à une souffrance indicible et invivable.
Nous pourrions dire que les postures décrites au fil de ces pages alimentent et régulent la production naturelle de la sérotonine et de la dopamine. La résilience, définie comme la capacité à s'adapter efficacement au stress et à l'adversité, est un *muscle énergétique* qui, comme le cerveau, s'entretient et se renforce. Elle est l'une des conditions de la vitalité.

.........................................................................................

Que nous acceptions ou non de nous remettre à flot après une blessure affective, en maillot de bain après une opération, que nous soyons ou non en paix avec l'image de notre corps marqué par des cicatrices, n'ajoutons pas à la peine déjà vécue la honte des traces qu'elle a laissées. Dans le creux de notre lit, au bord du sommeil ou à l'aube de nos journées, remercions notre corps d'avoir su continuer à vivre après la blessure. La cicatrice est la trace d'une victoire.

Remercions notre âme d'avoir réussi à encaisser les horreurs qui lui ont été dites ou faites. Acceptons que corps et âme aient leur propre temps de réparation qui résiste à notre goût de la perfection et à nos efforts de volonté ou de raison. Laissons-les se réparer sans rien forcer. Donnons-leur le temps de guérir et de revivre. N'y ajoutons pas un stress supplémentaire et vain par notre impatience à oublier et l'amertume d'avoir été blessé.

Remercions nos cicatrices car elles sont la preuve que nous avons passé les obstacles. Elles sont le signe d'épreuves dont nous sommes sortis vivants[1]. Elles confirment la puissance de notre vitalité.

Apprenons à les aimer. Commençons par prendre soin d'elles.

***

## Si vous ne faisiez qu'une chose pour aimer vos cicatrices :

Offrez-vous la meilleure huile ou crème pour le corps. Choisissez la plus onctueuse. Appliquez-la sur chaque cicatrice, en commençant par celle que vous aimez le moins. Remerciez-la d'être le témoin irréfutable d'un passé révolu.

Le choix de les montrer ou de les cacher vous appartient mais, de vous à vous-même, prenez le temps de les regarder. Acceptez de les reconnaître pour ce qu'elles sont : le signe de votre résilience et la marque du poinçon de votre force vitale. Ne les cachez plus face au miroir.

Si vous avez déjà l'onguent et qu'il dort sur vos étagères, allez-y d'une double dose. Cela ne rattrapera pas le temps perdu, mais vous fera doublement du bien.

1. Gang Wu *et al.* « Understanding Resilience », in *Frontiers in Behavioral Neuroscience*, 15 février 2013. https://www.frontiersin.org/articles/10.3389/fnbeh.2013.00010/full.

## Si vous n'avez que cinq minutes :

Remerciez votre corps d'avoir su se rétablir, votre cœur de battre encore malgré le chagrin et votre âme de ne pas avoir capitulé.

Portez un toast à votre résilience.

# 4

# Honorez vos anciens

*Chaque décès est une perte*
*pour l'humanité.*

Discuter avec des personnes âgées connecte à la mémoire vive d'un passé officiellement révolu, celui de leur propre jeunesse et de toutes les histoires familiales. Leurs opinions, leurs habitudes et leurs idiosyncrasies, aussi personnelles qu'elles puissent être, sont pour nous des marqueurs de lignée. Non seulement les plus âgés sont de formidables réservoirs de savoir-faire mais ils détiennent également des clés utiles à la clarification de qui nous sommes. En Chine, prendre soin des seniors est un devoir souvent assumé au quotidien, puisque plusieurs générations vivent encore sous le même toit. Honorer les personnes âgées et les ancêtres décédés est autant une marque de respect filial qu'un acte stratégique de préservation personnelle.

Il s'agit en effet de renforcer l'énergie que nous avons en partage. Bien avant la découverte de l'ADN qui lie les générations successives, prendre soin d'un parent âgé, alimenter l'autel des ancêtres, s'occuper de la tombe familiale étaient vus comme le renforcement du fil de vie dont nous avons temporairement l'héritage. S'occuper d'eux nourrit la rivière qui traverse et relie toute la dynastie. Le commandement d'« honorer son père et sa mère » est un acte fort au service de la vitalité de la lignée, que nous soyons ou non en accord avec eux. Ils sont des versions antérieures de nous-mêmes, des modèles inverses de qui nous sommes devenus ou des moules partiellement fondateurs de nos façons d'être et de faire d'aujourd'hui. Ils sont ceux à qui nous devons la vie. Leurs défauts leur appartiennent et ne peuvent obscurcir cette évidence.

Maintenir le lien – à défaut de nous occuper d'eux dans leur vieillesse – est un exercice de souplesse et d'adaptation, une occasion renouvelée à chaque visite d'affiner la posture, de valider les gains d'autonomie et de tester pour certains leur degré de détachement. Le détachement n'est effectif que s'il peut s'exercer en présence du lien potentiellement problématique. L'absence de lien, aussi compréhensible, nécessaire et vitale qu'elle puisse être à certains moments de notre vie, représente simplement une mise à distance de la contrainte. J'ai longtemps eu du mal à apprécier la boutade selon laquelle l'on ne deviendrait adulte que le jour où l'on serait capable d'être d'accord avec ses parents.

À l'échelle de notre histoire personnelle, le passé est un gouffre insondable et l'avenir un temps improbable que nous ne connaîtrons pas. Avant nous, c'est trop loin et après nous, « le déluge ». Or notre temps présent est un rouage majeur et efficient de l'arbre généalogique.

Si nous ne pouvons pas changer le passé, nous sommes à même d'infléchir, voire de façonner, la suite de la lignée. Nous avons par nos choix, nos décisions et nos actes, la capacité à prendre le relais, à saisir les balles au rebond et à transformer ce qui est devenu obsolète dans la transmission ancestrale, qu'il s'agisse de tradition ou de mobilier.

En 2017, l'espérance de vie en France atteignait 79,5 ans pour les hommes et 85,4 ans pour les femmes. Il est donc possible aujourd'hui, dans nos échanges avec les anciens, d'accéder à un territoire temporel bien plus éloigné qu'autrefois.

Le monde a cependant tant changé depuis la naissance de nos parents et de nos grands-parents que l'on peut légitimement s'interroger sur l'intérêt de leurs témoignages, récits de guerre et rappels à l'ordre quand ils nous voient par exemple nous épuiser sur des chemins qui ne sont pas les nôtres. Nous pouvons aussi nous interroger sur l'utilité réelle d'un travail de détective sur nos origines lointaines même si seulement quarante générations nous séparent de Charlemagne et juste sept mille des *Homo sapiens*[1] !

Nous sommes l'une des dernières générations à avoir accès, grâce aux deux ou trois générations qui nous précèdent, à la vie d'avant l'ordinateur, d'avant les centres commerciaux et d'avant les trains à grande vitesse. Les liens de nos anciens avec la terre, la nature et les animaux étaient directs. La source de leurs aliments

1. http://lhommeenquestions.museedelhomme.fr/combien-generations-nous-separent-premiers-homo-sapiens (article de Claude Ligurel).

était locale, saisonnière et connue. Enfants, ils ont été associés aux corvées de cueillette, d'épluchage et autre ramassage. Ils connaissent nombre de gestes et techniques que nous avons perdus. Les siècles passant, les corvées ont disparu et avec elles la capacité à distinguer un poisson d'eau douce de ses cousins d'eau de mer, à identifier les champignons et à réparer soi-même les objets du quotidien.

Je me souviendrai toujours de la sidération d'une amie, professeur au Massachusetts Institute of Technology (MIT), devant les dessins d'élèves du primaire à qui il avait été demandé de représenter des poules. La majorité des poulets étaient sous vide, en cuisses ou en filets, sans pattes, ni tête. C'était en 1992.

Or, ce que nous gardons de notre enfance, ce sont toutes les découvertes et les premières fois : chercher un œuf de poule dans la paille, ramasser des noisettes, cueillir des fruits sur un arbre, aider à la préparation d'un gâteau, assister à la réparation d'un moteur, d'une huisserie ou d'un vélo. Nous avons tous la mémoire d'un moment où un « plus âgé » a accepté de nous emmener à la pêche, à la ville, dans son appentis ou en arrière-cuisine. Ces mémoires sont chargées d'émotion parce qu'un adulte nous a associés à un apprentissage, nous a prêté ses jumelles, nous a versé un doigt de porto ou nous a confié l'arrosage des salades. Celui qui savait faire a pris le temps de nous montrer, de nous confier une responsabilité et de nous accompagner vers le chemin de l'autonomie. Ces partages permettent de grandir et de commencer à écrire notre propre carte routière.

La délégation de tâche, lorsqu'elle est faite en conscience et attention, est une initiation, qu'il s'agisse de cueillir des haricots ou d'ajouter de l'huile dans un moteur.

La relation est directe, unique et individuelle. L'adulte passe le relais, joue son rôle de passeur mettant le plus jeune sur son chemin d'apprentissage. Et cela, même si plus jamais nous n'irons cueillir des haricots dans un potager. Nous aurons reçu le témoin et une énergie vivante, en provenance d'un autre temps. À nous la responsabilité d'entretenir ce lien, puis, le moment venu, de le transmettre à notre tour. Ce que nous voyons souvent comme une option, un choix personnel et un effort, est en fait une responsabilité. Ne pas apprendre à plus jeune que soi interrompt un fil bien plus ancien que nous le pensons.

Lorsque l'enfant a été abusé par l'adulte, le flux de vie qui coule et irrigue la succession des générations se fige en une gélatine brûlante et molle, qui vient siphonner, parfois très longtemps, la vitalité de toute la lignée. Le rejet des anciens, de ceux qui ont donné vie au monstre, de ceux qui n'ont pas vu, pas dit, rien fait, est naturel, sage et compréhensible. Mais il nous coupe en même temps de toutes les forces vives qui demeurent, enfouies parfois très loin dans la branche familiale en question, et qui font écho à certaines qualités que nous portons. Tenir à distance est comme se séparer d'une part de nous-mêmes.

Jack n'a jamais connu son grand-père car sa grand-mère s'est enfuie du domicile conjugal avec ses deux enfants de six et quatre ans. Son père lui a raconté l'horreur des coups et des hurlements, puis a fini par ne plus jamais vouloir en parler. Le sujet est devenu tabou. Les photos n'existent pas et le lien avec la lignée grand-paternelle est totalement éteint. Or, sans un effet du hasard, Jack n'aurait jamais su que son grand-père était aussi rebouteux et aimé de ses patients. Jusque-là, il patinait dans son activité de magnétiseur, vécue dans l'ombre de l'interdit et de son activité professionnelle officielle. L'information reçue, Jack s'est redressé. Deux ans plus tard, il a officiellement quitté le monde de l'entreprise.

Honorer les anciens, c'est permettre *au minimum* la connexion – même infime – avec les talents, les qualités, les forces des anciens, y compris les « défectueux », en dépit de leurs défauts, tourments et faiblesses. Nous le devons aux forces de vie que nous portons, lesquelles, comme les branches d'un arbre, sont liées à *toutes les racines* de l'arbre.

Comme un virus, chaque génération est un variant des précédentes, pour le meilleur et pour le pire. Nous sommes un réservoir d'informations, d'ADN et de mémoires. Chaque décès est une perte colossale de savoir-faire, de savoir-être et de lien avec une part de nous-mêmes. Chaque transmission est une victoire sur l'oubli et l'infernale remise à zéro des informations et des savoir-faire à chaque naissance.

Aussi, chaque fois que possible, avant d'interroger Internet ou d'appeler un dépanneur, n'hésitons pas à perdre un peu de temps pour questionner ceux qui, autour de nous, nous ont devancés en âge. Qu'ils soient d'ailleurs de notre famille ou pas, ils ont des choses à nous dire. En leur parlant, nous récoltons et échangeons avec toutes les générations précédentes. Les ancêtres veillent, même si la transmission est bien évidemment filtrée par les vivants, leurs a priori et leur mémoire. Sollicités en pensée, en personne ou par écrit, les anciens sauront se manifester[1].

---

1. Marie-Pierre Dillenseger, *Debout. La force de s'incarner* (chapitre 6, « Préserver la mémoire, patienter », p. 99), Mama éditions, Paris, 2019.

Leur présence est un cadeau, un gain de temps et d'énergie.

### ········· L'espérance de vie a presque doublé ········· au cours du XX^e^ siècle

Au milieu du XVIII^e^ siècle, la moitié des enfants mouraient avant l'âge de dix ans et l'espérance de vie ne dépassait pas vingt-cinq ans. Elle atteint trente ans à la fin du siècle, puis fait un bond à trente-sept ans en 1810, en partie grâce à la vaccination contre la variole. La hausse se poursuit lentement au XIX^e^ siècle, pour atteindre quarante-cinq ans en 1900. Pendant les guerres napoléoniennes et la guerre de 1870, l'espérance de vie repasse sous la barre des trente ans.
Au cours du XX^e^ siècle, les progrès sont plus rapides, à l'exception des deux guerres mondiales. Les décès d'enfants deviennent plus rares : 15 % des enfants nés en 1900 meurent avant un an contre 5 % de ceux nés en 1950 et 0,4 % de ceux nés en 2015. En 1996, l'espérance de vie atteint quatre-vingt-deux ans pour les femmes et soixante-quatorze ans pour les hommes[1].

***

## Si vous ne faisiez qu'une chose pour honorer vos anciens :

Identifiez parmi les personnes âgées de votre entourage celle qui est détentrice d'un savoir qui vous intéresse ou avec qui vous partagez un intérêt. Contactez-la. Voyez

1. *Source* : Institut national de l'évolution démographique, https://www.ined.fr/fr/tout-savoir-population/graphiques-cartes/graphiques-interpretes/esperance-vie-france/.

comment la rencontrer sans vous laisser dérailler par d'autres priorités qui ne manqueront pas de survenir.

Vous serez peut-être surpris de constater que votre visite aura été anticipée avec joie et intérêt. Laissez-vous toucher par l'énergie de la transmission. Arrivera le jour où vous aussi aurez à passer les informations. Chacun de ces moments honore les anciens.

## Si vous n'avez que cinq minutes :

Identifiez, dans votre intérieur ou vos affaires, l'objet qui vous connecte le plus loin possible avec vos ancêtres. Sortez-le du tiroir, de la boîte ou du grenier. Appréciez le cadeau qui vous a été fait, puisque c'est à vous qu'il a échu, et laissez venir à vous l'énergie qui vous lie à son propriétaire depuis si longtemps décédé.

L'objet est porteur d'un message qu'il vous appartient de décoder.

# 5

# Poussez vos limites

*S'accomplir n'est pas se dépasser.*
*C'est prendre sa place.*

L'expression habituelle est de *repousser ses limites* et non pas de les *pousser*. Repousser signifie « pousser en arrière et faire reculer ». Il faudrait donc aller contre, comme pousser un gros meuble vers un mur ou faire reculer un bœuf. L'évocation est celle de la lourdeur et de la pénibilité. Nos limites seraient une force obtuse, avançant vers nous comme un étau qui se resserre. L'expression suggère un effort que personne n'a envie de faire. Elle fatigue d'avance.

Pousser ses limites n'élimine pas la notion d'effort mais ouvre la possibilité d'avancer avec la difficulté en allant à la rencontre d'une solution, manquante dans l'immédiat. Nous poussons la charrette en *allant vers* plutôt que d'*aller contre*. Ce mouvement oriente vers la découverte d'un chapelet de compétences pour le moment encore immergées. Monter sur un cheval *pour la toute première fois* n'est pas repousser ses limites. C'est ajouter une expérience structurante à une vie. Chaque acte où nous mettons un pied devant l'autre en secouant une hésitation, des craintes et des a priori, pousse vers soi et active la vitalité. La gratification personnelle suit l'effort, l'audace et les changements d'attitude.

L'objectif est de bouger les lignes et non de déplacer les montagnes. Je ne serai jamais championne d'haltérophilie et c'est une bonne chose. Cette évidence me protège de l'illusion de qui je ne suis pas, de reproches que je pourrais me répéter en boucle comme de comparaisons inutiles avec ceux que la carrure a favorisés. Dans la nébuleuse des possibles sur les territoires que j'occupe déjà, d'autres options existent. Focalisons-nous sur l'existant lorsque l'avancée est bloquée. Ajustons nos exigences pour qu'elles s'articulent sur les forces que nous avons déjà et non sur celles qui nous sont refusées. La marge de manœuvre est là même si nous ne la voyons pas encore. Utilisons le temps, la patience et l'imagination. En nous entêtant sur l'obstacle, nous pourrions bien manquer la solution.

Que pourrions-nous, par exemple, partager de nos connaissances et savoir-faire, alors que l'objectif professionnel principal n'aboutit pas ? Offrons ce qui ne nous est pas offert. Le coup de main nous sera rendu. Oublions simplement l'idée qu'il doive venir de la personne aidée. L'univers ne tient pas ce genre de comptes. En partageant un savoir, nous créons un mouvement vers l'autre qui naturellement appelle un mouvement vers soi. Comme l'expiration appelle l'inspiration et le flux, le reflux.

Les autodidactes apprennent seuls, par goût, défi et souvent par la triste absence de mentor. La plupart d'entre nous, en revanche, apprennent parce que quelqu'un de confiance, une personne bienveillante et passionnée, prend un jour le temps de nous montrer les bons gestes, le bon matériel et la direction. Le novice curieux fait le bonheur des spécialistes et les compétents passionnés répondent favorablement aux questions. Refuseriez-vous de partager votre recette de pâte sablée à quelqu'un qui l'a appréciée. N'est-il pas gratifiant de montrer comment changer une chambre à air, réparer un siphon ou un barillet de serrure ? Aux États-Unis, solliciter un échange avec un dirigeant ou un senior, dans une branche d'activité qui nous intéresse, fait partie des possibles. Celui qui a réussi n'oublie pas ses débuts et assume avec bienveillance la responsabilité d'épauler à son tour.

Pousser ses limites signifie souvent reprendre un cheminement interrompu par les circonstances. Confrontée à un danger, mal accompagnée, la personne a calé, puis est restée définie par le traumatisme. Les critiques, les reproches et l'absence de bienveillance cristallisent les peurs et gèlent les forces vives. Comme le fait de gifler un enfant qui vient d'échapper de justesse à un accident par impuissance à gérer sa propre terreur. Ce type de réaction enferme. L'enfant doit alors pousser la charrette de ses (prétendues) limites, forcer le pas suivant et résister à l'inventaire de ses défauts. Réintroduire à la randonnée ou à la voile un ami terrorisé par un orage est un cadeau pour l'autre autant que pour soi.

Clarifier les envies, désirs et qualités, en l'absence même de leur évidence, est plus utile que de comptabiliser les échecs. Cet exercice prépare au rebond[1].

Suite à des obstacles répétés, la vitalité se replie mais ne disparaît pas. Elle devient clandestine, comme suspendue par le temps. Elle attend un signe. Ce signe peut être une chanson, le regard d'un inconnu, une saveur qui reconnecte à cette part de nous *avant*.

Le signe peut s'incarner dans une personne qui guide, alors que l'on hésite : un moule à baba trouvé au fond d'un placard, gâteau préféré d'un parent décédé ; un cours d'herboristerie à deux pas de chez soi, alors que l'on remet en cause son activité actuelle. Les signes et les coïncidences sont des coups de pouce du ciel. Ils fonctionnent comme des aiguillages qui marquent et accompagnent la reprise de route.

S'accomplir n'est pas se dépasser. Se dépasser reviendrait à laisser derrière soi une part de nous trop immature et inadéquate. Il convient au contraire d'avancer avec toutes les facettes de notre être, les limites anciennes comme les talents assumés, les peurs identifiées, intégrées et transformées. Les peurs ne nous immobilisent que tant que nous ne sommes pas prêts à nous redresser. Avancer avec la mémoire des limites dépassées consolide la posture. C'est parce que vous avez un jour confronté la peur du fisc que l'abcès d'injustice familiale s'est finalement purgé. C'est parce que vous osez suivre vos intuitions que le ciel ne vous tombe pas sur la tête. C'est parce que vous avez osé dire non à votre peur du vide que vous avez pu survoler New York en hélicoptère, conjurant la mémoire d'un trauma d'enfance.

---

1. Marie-Pierre Dillenseger, *Debout. La force de s'incarner*, *op. cit.*

La pratique de l'escalade m'a appris que nous sommes *toujours* capables de plus que nous le pensons. Coincé sur une paroi rocheuse, le corps a mystérieusement accès à une force d'extension des muscles et des phalanges qui défie l'entendement. Millimètre par millimètre, centimètre par centimètre. Le plus dur est de congédier la croyance en nos limites.

Chaque choix, chaque décision, chaque engagement impose le risque d'une alternative ignorée et d'un possible dont nous ne saurons jamais la valeur. « Avons-nous bien fait ? », « Aurions-nous pu faire autrement ? » sont des questions qui restent sans réponse. Oublions-les afin de nous rendre pleinement disponibles pour les aiguillages à venir. Ils sont déjà en chemin vers nous

Lorsque la douleur s'est installée, nous apprenons à l'éviter en modifiant nos comportements, consciemment et inconsciemment : ne plus sortir seul le soir (agression), ne plus chanter en public (moquerie), ne plus mettre de la couleur (jalousie), ne plus suggérer des changements (incompréhension), ne plus se confier (trahison), ne plus dire (conflit), ne plus voir la belle-famille (ennui), etc. À force d'engranger les « ne plus », nous tissons un cocon, initialement salvateur, puis graduellement limitant. La vitalité passe alors en basse fréquence.

Pascale ne mange plus sur sa terrasse parce qu'il faut nettoyer le mobilier de jardin qui, ne servant plus, prend plus de temps qu'autrefois à nettoyer. Martin sort acheter son journal en pantoufles car « nouer les lacets de ses chaussures lui rappelle son boulot et la manière odieuse dont il a été limogé ». Anna ne fait plus de confitures « parce qu'il faut chercher le matériel au garage ». Pauline a fait couper les pruniers « parce que, à l'automne, il faut ramasser les fruits qui tombent ». Marc et Sylvie n'invitent plus personne, « comme cela, on n'est plus déçus quand les gens jasent ».

Nous avons tous une version du scénario négatif où un événement ancien est venu gripper les rouages de la vie. Nous continuons à vivre mais nous ne vibrons plus. Les injonctions lasses et limitantes inoculent une résistance au mouvement et aux (bonnes) surprises.

Or la vitalité est toujours là, tapie en nous, immobile, comme un animal fidèle n'attendant qu'un geste pour bondir. Le vrai risque est de s'approprier les limites de chemins qui ne sont pas les nôtres. Pousser ses limites est aller courageusement vers soi.

***

## Si vous ne faisiez qu'une chose pour pousser vos limites :

Regardez-vous dans un miroir et dites très haut et fort à la personne *invisible* qui se glisse à côté de vous, ou qui se tient légèrement en retrait, *d'aller voir ailleurs.*

Occupez la place. Tenez la posture : debout, tête droite, face au miroir, pieds alignés, deux yeux ouverts. Arrêtez de ne vous regarder que d'un œil, de côté ou de biais. La posture furtive, rapide et biaisée laisse la place aux ombres, aux interprétations douteuses et aux mémoires mortifères. Le parent non bienveillant, le soi-disant bon ami de l'époque, tous ceux qui ont osé poser sur vous des remarques limitantes ou des actes douteux, ne sont plus là aujourd'hui, ou en tout cas, pas au moment précis où vous faites l'exercice.

Celui-ci est l'équivalent d'une lettre recommandée convoquant l'ombre à disparaître. Il est plus efficace qu'il n'y paraît à première vue.

## Si vous n'avez que cinq minutes :

Écrivez sur un bout de papier ou nommez à voix haute trois de vos qualités. Recommencez chaque jour pendant une semaine.

Un autre jour, notez sur un post-it trois de vos défauts. Trouvez un moyen de les brûler dans les vingt-quatre heures qui suivent.

# 6

# Perdez-vous

*À force de ne plus nous perdre,*
*nous avons du mal à nous trouver.*

Notre chemin n'appartient qu'à nous, quoi qu'en disent les arbres généalogiques et les médias. Personne d'autre que nous ne peut en dessiner le fil. Nous sommes uniques et différents, avec des besoins, des envies et des désirs propres. Il nous faut trouver notre voie – ou la reconnaître là où elle se trouve – pour enfin l'emprunter. C'est elle qui nourrit la vitalité. Être perdu ou se perdre fait partie du parcours. Les errements, le doute, le recul et la chute sont au service d'une élusive mais réelle avancée vers soi. Ces états attestent de notre qualité d'humains, débarqués sur terre sans feuille de route ni carte fiable. L'erreur et les questionnements sont au service du balisage d'une voie qui, au départ, n'existe qu'en nous et qu'en pointillé.

Nous sommes encodés par notre ADN, comme le gland porte en lui *sa version* du chêne. Selon Robert Plomin, psychologue et généticien américain, les recherches récentes indiquent que nous avons 99 % de nos gènes en commun[1]. Seul 1 % de notre ADN serait responsable de toutes nos différences, physiques et comportementales. Ce sont nos différences qui affirment notre identité : une fossette, notre capacité particulière d'aimer le vent, la lumière du matin ou celle du soleil couchant, notre intonation de voix. Être pleinement soi-même impose d'explorer et d'investir dans nos différences plutôt que de nous conformer vainement aux modèles existants. Résistons au tronc commun pour établir qui nous sommes.

Chaque fois que nous grandissons, nous passons par une période de transition, de remue-ménage et d'ajustements. Chaque fois que nous changeons de ville, de métier, de partenaire, de mobilier ou de coiffure – nous traversons une phase de transformation. Il faut ajuster ses habitudes, se recréer un réseau, revoir l'organisation des rangements ou s'habituer à une autre image de soi. Les transitions invitent les doutes, recyclent les certitudes et activent les synapses jusqu'à ce que graduellement nous reprenions nos marques.

Toute désorientation est potentiellement stressante. Aucune ne dure. Même en forêt, sur la banquise ou en mer, les risques de se perdre durablement sont aujourd'hui faibles. Les dérives longues sont rares[2].

1. Robert Plomin, *Blueprint. How DNA Makes Us Who We Are*, MIT Press, Cambridge, 2019. Il est spécialiste des liens entre la génétique et nos comportements.
2. Nathaniel Philbrick, *In the Heart of the Sea. The Tragedy of the Whaleship Essex*, Penguin Books, Londres, 2001. Ce livre historique raconte l'édifiante histoire du naufrage d'un baleinier, parti

Les animaux sauvages sont parqués dans des réserves. Les ours et les loups, bien que ponctuellement réintroduits, peuplent surtout les mémoires et les contes populaires.

Les prédateurs qui restent sont éventuellement nos semblables, ceux à qui nous avons donné une confiance inconditionnelle ou, plus souvent, une fausse image de nous-mêmes. Tous se nourrissent de nos croyances, dévorant notre énergie, notre naïveté ou notre compte en banque. C'est en empruntant des chemins qui ne sont pas les nôtres ou lorsque nous restons façonnés par des regards étrangers qui occultent qui nous sommes vraiment – uniques, bourrés de qualités innées, bien souvent inexploitées – que nous sommes le plus vulnérables.

Lorsqu'il s'agit d'aller vers soi, les raccourcis et les lignes droites, aussi tentants soient-ils, sont des illusions ou des traquenards, des diversions ou des détours. Savoir se perdre pour laisser faire la vie et advenir les coïncidences est un art peu enseigné. Comme perdre du temps et sourire à ceux que l'on croise, par humanité plus que par politesse.

Les moments perdus et les actes gratuits défient la pensée circulaire, invitant l'émergence de ce que les Occidentaux appellent le facteur chance. Cette chimère, loin d'échapper complètement à l'entendement, n'est autre que l'effet d'un alignement optimal entre ce que nous sommes et ce que la vie propose. Il s'agit d'être tout à la fois connecté à soi-même et conscient de notre environnement, physique et subtil, visible et invisible.

---

de Nantucket en 1820 et de la dérive des survivants pendant plus de quatre-vingt-dix jours.

### Trois conseils pour être connecté à soi-même

1. Accueillez tout ressenti, y compris physique (chair de poule, nausée, chaleur, joie, mains moites) comme un signe utile. Même sans le comprendre, ne le refoulez pas. Il aura du sens un jour. Le corps tente de passer des informations non relayées par le cerveau gauche et la raison.
2. Évaluez chaque jour la qualité de votre sommeil, de votre digestion et votre mobilité. Ajustez quotidiennement ce qui peut l'être.
3. Participez activement à l'émergence, à la clarification, puis à la systématisation des situations, lieux et décisions qui réveillent votre vitalité.

### Trois conseils pour être conscient de son environnement

1. Ouvrez les yeux sur les contextes physiques qui vous entourent (bureau, chemin, fauteuil, rame de métro, montagne, etc.). En clair, il s'agit de les regarder et non de simplement savoir qu'ils sont là.
2. Repérez les zones d'inconfort (courant d'air, manque ou excès de lumière, sol rugueux ou glissant, etc.). Envisagez des actions simples, à court et à long terme, pour y remédier.
3. Appuyez-vous sur les lieux et les moments de la journée qui maximisent votre dynamisme.

J'ai parlé dans d'autres livres des smartphones qui atrophient l'intelligence, des *GPS* qui boycottent le sens de l'orientation et des *applications* qui gèrent le quotidien comme celui des poules de batterie. Ces outils sont de fantastiques avancées dès lors que nous continuons à pouvoir nous orienter, connaître l'heure et nous reposer *sans eux*.

David ne démarre plus sa journée sans mesure électronique de tension, de pouls, d'oxygène sanguin et de rythme cardiaque. Il dort avec sa montre et note au réveil le ratio des heures de sommeil profond et de sommeil paradoxal. Lise tient le compte du nombre de pas quotidiens. S'il est au-dessous de 7 000, elle complète en montant l'escalier de l'immeuble autant que nécessaire.

Ces outils magiques ont le pouvoir d'atrophier notre capacité d'autonomie. Lorsque tout est balisé, sécurisé, organisé, sans alternative ou sans possibilité même de douter et d'hésiter, nous ne sommes plus sur un chemin de vie mais sur celui des machines. Nous y perdons le bonheur d'écrire notre propre parcours.

Se perdre est un privilège : celui d'avancer sur un chemin incertain. Plus nous avançons sur notre voie, moins les guides de randonnée, les recettes et les consignes ont besoin d'être précis[1]. Ne pas savoir, ne pas tout savoir, ne pas encore savoir sont le signe d'une liberté de champ encore intacte dans un monde où plusieurs solutions demeurent possibles. Si toutes les solutions ne se valent pas, en pertinence, en délai d'exécution et en économie de moyens, l'enjeu reste que le problème soit résolu et la tâche accomplie. Dans la vie réelle, un problème n'a rarement qu'une seule solution. En termes de vitalité, la seule chose qui compte vraiment, c'est que nous nous alignions, puis déployions les talents avec lesquels nous sommes nés.

1. Hervé Lévy, Stéphane Louis, *Balades pour se perdre. Vosges*, La Nuée Bleue, Strasbourg, 2020.

Les problèmes à solutions multiples sont enseignés à l'école élémentaire. L'objectif initial est large : « Amener l'enfant à prendre conscience qu'il peut d'abord expérimenter, chercher plus ou moins au hasard. » Il est rapidement réduit à « l'assurance d'avoir trouvé toutes les solutions », puis à celle d'« *identifier la meilleure solution* ». La graine de la solution unique est plantée au CM2. Le gain est le développement de la capacité critique et l'apprentissage de l'étalonnage. Le corollaire est la survalorisation de la meilleure solution et le risque d'être soi-même étalonné. Nous en gardons le stress de rater *la bonne solution* au lieu d'être simplement satisfaits d'en avoir trouvé *une*.

Pendant toute la période Covid, j'ai été passionnée par l'extraordinaire lancer de dés proposé : la suite n'était pas tracée et personne n'avait, semblait-il, la solution. Nous avions tous à nous secouer, à nous serrer les coudes et à nous poser des questions. Nous étions perdus. Nous étions terrifiés. Nos repères avaient disparu. Les peurs étaient maximales. Puis, au gré des espoirs et des vagues de contamination, a surgi la solution de la vaccination. La lumière est apparue au bout du tunnel, portée par l'institution qui affirmait voir clair. Mieux valait une solution unique que des doutes. *Le gouvernement ne pouvait pas se perdre*. L'enjeu était de sortir rapidement de l'incertitude. En médecine, pourtant, l'état de certitude est un leurre et risque d'erreur.

L'errance semble s'arrêter quand le berger apparaît. Mais sommes-nous des moutons ? Qu'abdiquons-nous lorsque seul le berger sait lire, qu'il ne partage pas ses sources et censure les avis divergents ? L'assurance de protection n'est pas la protection elle-même. Le vaccin a bien atténué les peurs mais n'a pas garanti l'arrêt des contagions. Son efficacité initiale a été rajustée à la baisse.

La pandémie a posé l'intolérance avérée du risque de vivre sans garantie directionnelle. Les injonctions claires valaient mieux que l'attente de solutions multiples. Par crainte du loup, nous sommes collectivement montés dans la calèche qui passait, sans nous interroger sur l'identité du cocher. La partie est actuellement jouée et les regrets inutiles.

Sommes-nous arrivés à un moment de notre histoire où la tolérance des doutes, des sorties de pistes et du risque n'existe plus ? La sagesse chinoise enseigne que le vide appelle le plein. En d'autres termes, le passage à vide est une phase naturelle de tout processus de construction. La capacité à vivre et à traverser des périodes de doute est la condition de la maturation de solutions inédites, fiables et durables. Une étude récente montre que les enfants autorisés à se déplacer seuls, sans supervision continuelle, se repèrent mieux dans l'espace et sont moins sujets aux angoisses à l'âge adulte. Ils développent une meilleure confiance en eux et une plus grande assurance dans la vie que les autres[1]. C'est dans l'ambiguïté soutenue, tant que la solution se cherche, que nous exerçons nos forces de résilience, aussi impensable que cela puisse sembler à ceux qui associent encore désorientation et fragilité. Prendre le risque de se perdre est un signe de vitalité.

1. Vanessa Vieites, « Les enfants autorisés à se déplacer seuls se repèrent mieux dans l'espace une fois adultes », Slate.fr, 24 août 2021.

Ne concluons pas trop vite que nous sommes perdus. Ne déduisons pas de nos hésitations une faiblesse personnelle. Être égaré et se chercher ne font pas de nous des perdants. S'engager trop vite pour échapper aux doutes et aux peurs qui minent soulage à court terme et mine à long terme. Ne nous faisons pas avoir par le mirage de la solution miracle. La solution unique, pour tous, est un mirage.

Faisons de la place à nos peurs. Écoutons-les, tolérons-les jusqu'à temps que la solution se précise. Il serait dommage de la rater parce que nous ne l'attendons plus.

***

## Si vous ne faisiez qu'une chose pour vous perdre :

Option 1 : Osez une randonnée sans GPS, et, pour les plus aguerris, sans montre, ni carte. Préparez en conséquence de quoi passer plus de temps que d'habitude au grand air (thermos, nourriture et vêtements chauds). Réapprenez à compter sur votre sens de l'observation. S'il se mettait à pleuvoir, la petite cabane sur le bord du chemin sera comme un palais retrouvé.

Prévenez une personne de confiance de votre itinéraire.

Option 2 : Perdez-vous dans une librairie en vous laissant uniquement guider par votre regard. Résistez à l'idée de chercher les ouvrages dont vous avez la liste.

Cet exercice peut se faire dans tout magasin spécialisé (sport, outillage, jardinerie, matériel culinaire, etc.) dès lors que vous n'instrumentalisez pas la visite. Revenez les mains vides avec la tête pleine d'envies.

## Si vous n'avez que cinq minutes :

Il est impossible de se perdre en cinq minutes. En revanche, arrêtez toutes les horloges pendant vingt-quatre heures.

# 7

# Apprenez encore

*S'endormir chaque soir*
*en se rappelant*
*la découverte du jour.*

Tester les limites de nos savoirs, non pas pour admettre ce que nous ne savons pas, mais pour continuer d'apprendre, est une clé de vitalité. La posture active la plasticité cérébrale.

Nous avons longtemps cru que le cerveau arrivé à maturité ne changeait plus. Tout juste pouvions-nous, par une pratique assidue de mémorisation et de répétition, ne pas perdre ce que nous savions déjà. L'objectif des exercices mentaux, des calculs de tête et des récitations était d'ancrer, puis de ne pas perdre, les acquis. Gagner du terrain à l'âge adulte, par le biais de connaissances nouvelles notamment, était considéré comme impossible. Or les progrès des neurosciences et les techniques d'imagerie médicale montrent qu'un cerveau adulte est capable de plasticité[1]. Non seulement l'hippocampe peut générer de nouvelles cellules nerveuses, mais il est aussi capable, après une lésion cérébrale, de recréer des synapses. Le fonctionnement du cerveau est dynamique, en reconfiguration constante.

Continuer d'apprendre lorsque le milieu professionnel, social ou familial ne le demande pas, que l'on sait déjà tout ou qu'un autre a toutes les réponses, est un vrai défi. Le relever vaut néanmoins la peine pour reculer le moment où l'agilité, mentale et physique, nous fera défaut.

Nous activons nos capacités cognitives chaque fois que nous faisons autrement ce que nous faisons déjà (recette, balade, etc.) ou chaque fois que nous apprenons quelque chose, que cette information serve ou pas notre quotidien. S'endormir en se remémorant le mot ou le geste nouveau de la journée n'est pas du temps perdu[2]. Quand je suis en panne d'exercice, j'accomplis une tâche familière de la main gauche, étant droitière, ou en me bandant les yeux. Les deux exercices boostent les connexions neuronales, au seul risque de quelques bleus. Ils donnent accessoirement l'occasion d'une gratification personnelle sans intervention extérieure, ni avis de qui que ce soit.

Selon les statistiques officielles, une personne active sur deux, de 25 à 54 ans, et deux personnes sur trois, de 55 à 64 ans, se satisfont de leur formation initiale[3].

1. Norman Doidge, *Les Étonnants Pouvoirs de transformation du cerveau. Guérir grâce à la neuroplasticité*, Press Pocket, Paris, 2017.

2. Chapitre 6 : « Perdez-vous ».

3. Statistiques Insee sur la formation des adultes : https://www.insee.fr/fr/statistiques/1281375.

Ainsi, seule la moitié des personnes en activité s'engage dans une formation continue ou des études complémentaires. Le nouvel apprentissage, quand il a lieu, résulte en général de l'arrivée de nouvelles technologies ou d'un aléa de carrière. Ces chiffres ne tiennent pas compte des acquis sur le tas, auprès des collègues ou forcés par un changement de poste.

### Inventez vos propres apprentissages

Voici un exercice pour commencer :

Allez d'un bout à l'autre de l'appartement ou de la maison en gardant les yeux fermés. Comptez le nombre de fois où vous touchez les murs. Répétez l'exercice dans quelques jours, puis dans un mois, et mesurez les progrès. Continuez jusqu'à ce que vous puissiez vous repérer sans les mains. Cet exercice n'est à faire que sur un seul niveau, absolument pas si un escalier se trouve sur le trajet.

Il peut aussi se faire en se remémorant un lieu découvert récemment (station de métro, salle d'attente, salon d'un ami). Faites-en un dessin. Un jour à venir, comparez-le à la réalité. L'exercice active autant la mémoire que l'attention aux détails. Mémoire et sens de l'observation sont des atouts précieux.

La (sur)valorisation des acquis initiaux *pour toute une vie* repose sur la vision obsolète d'un cerveau figé. Le modèle de l'*apprentissage continu*, en dehors de tout contexte professionnel, améliore la qualité de vie. Même un savoir livresque, sans quitter sa chaise, est utile au dynamisme des neurones. La curiosité intellectuelle, pratique, culinaire, culturelle, etc. paie à tout âge. Associer la mobilité intellectuelle à celle du corps permet de faire d'une pierre deux coups. Le retour sur investissement est un cerveau qui percute vite et une souplesse préservée. Le corps vieillit lui aussi moins vite.

Lorsque les habitudes sont trop figées pour être volontairement secouées, la vie se charge du retour à l'apprentissage par le biais d'un changement de lieu, d'activité ou de relation imposé par « les circonstances » : la société pour laquelle nous travaillions ferme ou se délocalise ; le conjoint est muté dans une autre région, voire un autre pays ; le couple se sépare. Nous ne demandions rien mais le changement des habitudes vient nous trouver.

Passé la stupeur, la résistance et le deuil de l'équilibre perdu, s'ensuit un intense travail de réorganisation des forces intérieures. Pendant que le corps exécute les tâches nécessaires au déménagement matériel, l'âme elle aussi s'active, œuvrant au recalibrage du territoire. Elle sait ce qu'elle perd, devine une part de ce qui vient, naviguant entre le familier et l'inconnu, libérant et retenant tout à la fois ses chevaux. Chaque changement de lieu au fil d'une vie teste notre plasticité cérébrale et notre capacité de connexion à la vie. Ces passages de gué, parfois si redoutés et difficiles lorsque nous ne les avons pas choisis, sont au service de la vitalité énergétique.

Ils forcent les sauts d'âme vers soi, provoquant, une fois la pilule avalée et digérée, un rapport clarifié à ce que nous sommes venus accomplir dans cette vie-ci.

Dans le cas particulier d'une personne qui se trouve au bout d'un long et périlleux cheminement dans cette vie-ci, et peut-être bien dans une vie précédente, la clé est bien souvent d'apprendre à ne plus bouger. Passé l'attachement au chaos des vies précédentes, l'apprentissage devient celui de l'ancrage et non plus du mouvement. Le gain est la stabilité. Trouver enfin son lieu, son pays, sa place, son territoire et l'accepter constituent la nouveauté. Passer une vie entière au même endroit, dans un lieu aimé, n'est ni un échec ni un danger pour les neurones. Le galet a roulé. Il a trouvé sa place. L'apprentissage n'est plus celui de la bataille et du changement, mais de l'être. Le bonheur de vivre, longtemps une éclaircie dans un ciel sombre ou un mirage, s'installe. Le moment de récolter est arrivé. Il faut alors désapprendre la peur et l'habitude de ne pouvoir tabler sur la durée.

Que vous ayez dans cette vie à apprendre à partir ou à rester, endormez-vous chaque soir en pensant à ce que la journée vous a appris. Je ne savais, en me levant ce matin, que les vipères aiment à s'enrouler autour des pieds de framboisier. Je l'ai appris aujourd'hui. Cette information me servira-t-elle un jour ? Je ne le sais pas, mais elle a très certainement suscité ma curiosité et activé une partie de mon cerveau.

Préparons-nous, non pas tant à l'arrivée de mauvaises nouvelles, qu'à tout ce que nous ne savons pas encore.

***

## Si vous ne faisiez qu'une chose pour apprendre encore :

Repêchez dans votre mémoire les envies de formation restées lettre morte. Laissez s'imposer celle qui vous fait encore vibrer. Notez-la sur une page blanche, un carnet vierge ou un nouveau fichier d'ordinateur avec la date du jour. Faites immédiatement dans la foulée une recherche – une seule – sur le sujet (Internet, coup de fil, contact). Poursuivez les recherches au fil des semaines. Chaque nouvelle information, utile ou décourageante, mettra de l'eau au moulin d'une transformation à venir.

Ce simple fil, aussi ténu et fragile soit-il, active une part de vous-même en dormance et pourtant prête à se réveiller. Suivez les indices, les pistes et les infos. Réjouissez-vous des fausses pistes car elles balisent autant le chemin que les avancées. Les impasses avérées empêchent de se perdre ultérieurement sur des chemins qui ne sont pas les nôtres.

Prenez au sérieux tout intérêt nouveau, induit par l'exercice. Donnez-vous un délai de trois ans pour valider la faisabilité de cet apprentissage.

## Si vous n'avez que cinq minutes :

Demain matin, brossez-vous les dents de la main droite, si vous êtes gaucher et de la main gauche, si vous être droitier.

# 8

# Habitez votre corps

*Accepter le corps,*
*ses forces comme ses limites,*
*c'est se mettre en cohérence*
*avec l'univers.*

Selon le regard porté sur nous par d'autres, notre corps apparaît parfois bien différent qu'il n'est. Certains y flottent comme dans un vêtement trop grand. D'autres y étouffent ou ne s'y font pas. J'ai longtemps pensé que la vie m'aurait davantage souri si j'étais née homme. Un tel corps m'aurait épargné les grossesses, les salades de filles et les histoires de bonne femme. Puis j'ai découvert celui des garçons, empêtrés par leur sexe, leurs bras longs et leurs grands pieds. J'ai compris que nous portions chacun, et nous tous, notre croix. À choisir, finalement ?

À vingt ans, je suis entrée en analyse parce que je me trouvais bête, grosse et moche. Avec le recul, la distorsion est comique. À l'époque, la situation était grave. Il a fallu apprendre à voir ce qui était et effacer l'image de ce qui n'était pas. Repérer les mots et les avis qui n'étaient pas les miens mais que je prenais pour tels. Acheter mon propre miroir. M'y regarder. M'y voir. Garder vivante et présente cette autre image de moi qui n'était ni bête, ni grosse, ni moche. Puis passer à l'affirmation de mes qualités sans baisser la tête, ni fermer les yeux. Ne plus absorber les critiques. Ne plus chercher le compliment.

Mes copines aux cheveux frisés se les faisaient défriser et mes copines aux cheveux lisses voulaient des boucles. Ma mère s'est plainte toute sa vie de sa culotte de cheval et moi j'avais des hanches plates. Et alors ? Toute jeune, un ami a vu chez moi « une ride et un cheveu blanc ». C'était au bord d'un canal. Je m'en souviens comme si c'était hier. J'ai mis des années à réaliser l'absurdité de sa remarque.

Ne disons rien sur le corps de nos amis, de nos enfants, de nos ennemis. Laissons-les s'accommoder de leur corps et des démons qui ne manquent pas de les habiter. Occupons-nous du nôtre. Apprivoisons-le. Commençons par le voir.

Apprivoiser son corps demande d'accepter graduellement son sort, en repérant notamment les quelques qualités que nous ne manquons pas d'avoir. J'étais petite mais rapide. Naturellement, je passais plus facilement partout et marquais des points au hand-ball. Avec un grain de beauté sur le nez, j'avais de la graine de sorcière. Je l'ai fait enlever quand j'ai assumé qui j'étais. Je n'avais plus besoin d'un rappel quotidien !

Notre corps est marqué de l'effet désintégrant ou constructif du regard porté sur nous dans l'enfance ou au quotidien. Intégrons cette réalité, non pas comme une fatalité, mais comme une opportunité de rectifier le tir et d'établir la vérité.

Les projections – d'autrui, du passé, d'ailleurs – arrivent d'autant plus à se substituer à la réalité lorsque nous ne sommes pas fragilisés ou déconnectés de nous-mêmes. Ne pas se regarder permet d'éviter les images dévalorisantes de nous-mêmes, mentales ou mémorisées. Qui n'a pas craint le miroir ? Or seul l'effort de se voir vraiment permet d'éliminer les versions erronées et de lever, un à un, les oripeaux que nous ne portons pas.

Parmi tous les exercices que je peux proposer, celui du miroir est certainement le plus clarifiant.

### Exercice du miroir

Tenez-vous cinq minutes par jour pendant cinq jours devant un miroir en pied, sans rien faire d'autre que de vous regarder. Soutenez votre regard. Regardez-vous de face, de profil, en tournant la tête pour vous voir de dos, habillé, nu, en pantoufles ou en chaussures. Explorez les parties de vous qui ne vous plaisent pas et que vous ne regardez plus. Laissez-vous surprendre par ce qui est aimable : les hanches, les yeux, le nez, une fossette.

Puis posez un ou deux actes pour lisser ce qui vous déplaît (nouvelle coupe de cheveux…) et booster ce que vous aimez (montrer vos jambes…).

Dans la foulée, jetez au moins un vêtement ou un accessoire qui ne vous convient pas. Agissez rapidement. Ne revenez pas sur cette décision.

Le corps est un partenaire qui ne nous doit rien mais qui a les compétences pour nous guider (par les sens), nous protéger (par la peau) et nous maintenir en vie (par le travail continu des organes et des fluides). Il est comme un vaisseau complexe, composé de freins et d'accélérateurs, de filtres et d'aiguillages.

Ne lui accordons pas moins d'attention qu'à notre voiture, à notre travail et aux autres. Remercions-le en l'écoutant, le soignant, le voyant *tel qu'il est*. Aimons-le comme le refuge, la prison et la boîte à outils qu'il est aussi, contenant tout ce dont nous avons besoin dans cette vie-ci. Respectons son mode de fonctionnement propre, selon nos gènes[1], notre groupe sanguin[2], nos (hyper)sensibilités[3] et (in)tolérances propres[4]. Ces clés ne sont plus du seul domaine du spécialiste. De nombreux ouvrages ou vidéos de vulgarisation et de qualité existent maintenant sur ces sujets. Donnons-nous les moyens d'en savoir plus avant même de consulter.

Ce que nous ne faisons pas bien, pas parfaitement, ce que nous n'arrivons pas à apprendre, sont des indications, aussi claires que têtues, que notre place n'a pas encore été trouvée. Nous ne sommes de vilains petits canards que si nous ne sommes pas entourés de cygnes[5]. Notre tribu existe. Tout effort de dissociation physique, émotionnelle et mentale, pour devenir qui

---

1. Jean-Louis Beaucarnot, Nathalie Jovanovic-Floricourt, *Quoi de neuf dans la famille ? Notre arbre généalogique à la lumière des tests ADN*, Buchet-Chastel, Paris, 2021.
2. Peter J. D'Adamo, *4 Groupes sanguins. 4 régimes*, Michel Lafon, Paris, 2003.
3. Fabrice Midal, *Suis-je hypersensible ?*, Flammarion, Paris, 2001.
4. Jean-Pierre Willem, *Les Intolérances alimentaires : « Je ne veux plus être malade »*, Guy Trédaniel, Paris, 2012.
5. L'histoire du *Vilain Petit Canard* est celle d'un œuf de cygne couvé, puis élevé par des canards qui ne reconnaissent pas en lui

nous ne sommes pas est un sacrifice de vitalité. Cette adaptation impossible se paie en forces et en années de vie.

Apaisons la relation que nous avons avec notre corps. Laissons-le nous dire qui il est, ce dont il a besoin pour que, à son tour, il nous fasse du bien. Une relation disharmonieuse avec le corps (ne pas l'aimer), épisodique (l'oublier souvent) ou désordonnée (lui faire vivre l'enfer ou les quatre cents coups) plombe l'âme. Arrive toujours un moment où le corps se cabre, cale et refuse de nous accompagner dans nos folies. Calons notre rythme sur son rythme. Respectons-le.

Se mettre en cohérence ou au diapason du corps permet à l'être que nous sommes d'entrer plus facilement en cohérence avec l'environnement. Accepter le corps, ses forces comme ses limites, n'est autre que se mettre en cohérence avec le Tao[1]. Dans ces moments d'équilibre, sans cesse renégociés, nous contribuons à la paix de notre âme comme à celle du monde.

Lorsque la relation au corps est apaisée, l'effet sur l'entourage est perceptible. Ce n'est ni un hasard, ni une coïncidence.

La diabolisation du corps, la méfiance des « bas instincts » et l'injonction de dominer les tentations terrestres ont consumé une énergie colossale au cours des siècles. Ces efforts et sacrifices pour honorer un principe suprême ont permis dans de nombreuses religions la réalisation de merveilles,

l'enfant adéquat. Et pour cause ! Ce n'est qu'en rencontrant ses semblables, des cygnes, qu'il retrouve son identité et son chemin.

1. Le Tao est le principe fondamental et l'essence de toute chose manifestée dans l'univers, visible comme invisible.

architecturales et artistiques notamment, mais la dévalorisation du corps a sérieusement gangrené le plaisir de vivre. Si nous sommes loin aujourd'hui des actes de contrition extrêmes pratiqués au Moyen Âge, l'idée que la vie est souffrance demeure ancrée dans la psyché collective[1]. Or répudier ses désirs profonds et ne vivre que dans sa tête alimente un déséquilibre chronique, voire un infernal cercle vicieux.

Habiter son corps signifie se donner les moyens de vivre dans un lieu qui nous fait du bien, à un rythme bénéfique à notre santé, dans une communauté qui nous correspond, en exerçant une activité qui nous met en joie. Cela est un objectif terrestre aussi raisonnable qu'essentiel.

Les pratiques corporelles de gymnastique, telles que le Tai Qi, le Qi Gong, le Wutao[2] ou la marche, le vélo, la natation sont au service d'un équilibre physique, condition de prises de décision saines. Habiter son corps, c'est le faire bouger et être à son écoute. La posture prévient les faux pas et minimise le risque de conclusions hâtives, si souvent en notre défaveur.

***

## Si vous ne faisiez qu'une chose pour habiter votre corps :

Prêtez attention aux hauts et aux bas. Notez les circonstances qui le font fonctionner de manière optimale et celles où il patine, résiste et se traîne. Il ne s'agit jamais de hasard ni de coïncidence. Tentez de

1. Catherine de Gueberschwihr, *À l'ombre d'un tilleul. Les vies des sœurs d'Unterlinden*, Arfuyen, Orbey, 2021.
2. https://www.wutao.fr/.

systématiser les occurrences favorables. Si vous avez plus d'énergie le matin, réveillez-vous tôt par exemple. Si vous travaillez mieux le soir, voyez comment décaler vos horaires.

Un excellent exercice est de dessiner votre corps. Laissez le crayon courir sur le papier. Ne jugez pas. Voyez l'image qui s'est formée. Que dit-elle ? Où sont les excroissances ? Où sont les vides ? Acceptez vos ressentis face au dessin. Discutez-en éventuellement avec une personne de confiance ou un thérapeute. (Vos talents de dessinateur ne sont pas le sujet de la réflexion.)

## Si vous n'avez que cinq minutes :

Allez-vous passer les mains sous un filet d'eau claire, fraîche en été et chaude en hiver. Voyez vos mains comme une vasque. Laissez partir ces pelures de vous-même, qui ne sont pas vous avec l'eau qui glisse entre vos doigts. Suivez leur trace dans le siphon, la canalisation, les égouts.

Respirez profondément. Passez à autre chose.

# 9

# (Re)trouvez votre terre

*Ici ou ailleurs,*
*maintenant ou plus tard,*
*votre terre vous attend.*

Trouver notre place est une « obligation éthique », nous dit Carl G. Jung[1]. En énergétique chinoise, la terre représente une énergie massive, stable et solide, capable d'absorber les chocs et de recycler ce qui n'a plus lieu d'être. Patiente et lente, la terre est la double métaphore de l'ancrage et de la transformation. La connexion à la terre permet l'appui de la lignée disparue, la guérison de l'âme et le rebond vers soi.

Être connecté à un territoire physique, ne serait-ce que par le biais d'un galet rapporté d'un voyage mémorable,

1. Carl G. Jung, *Collected Works*, vol. 5 : *Symbols of Transformation*, Bollingen Series XX, Princeton University Press, New York, 1956.

même sans titre de propriété, active et nourrit des liens ancestraux que nous portons tous, que nous le voulions ou non.

Dans la Chine ancienne, l'exil et le bannissement représentaient de terribles châtiments. Ne plus être connecté à la terre de ses ancêtres prive d'un flux invisible et pourtant réel émanant des paysages et des modes de faire déployés par ceux qui nous ont précédés. Une part de notre ADN reste connectée à ceux qui reposent, quelle que soit la distance, dans un caveau familial ou dans un vallon oublié. Même après les siècles, nous restons en résonance. La reconnaissance, l'acceptation et l'entretien de ces liens activent une voie de communication privilégiée. Nous, Occidentaux, qui voyons souvent les ancêtres comme des poids ou des modèles limitants, ne soupçonnons pas ce qu'ils pourraient apporter si nous les acceptions comme des ressources invisibles.

Nous représentons pour eux la poursuite d'un fil de vie dont ils ont été avant nous détenteurs. Ils ont de leur vivant fait de leur mieux. Accordons-leur le bénéfice du doute et ne les chargeons pas de la responsabilité de nos freins et de nos échecs personnels. Apprenons de leur histoire, de leurs deuils et de leur courage. Pouvons-nous même imaginer la force ou la détresse qu'il a fallu pour quitter sa terre natale il y a cent ans, deux cents ans, trois cents ans ? Un millénaire ? Pour passer de la Russie à l'Europe, de la Mongolie au sud de la Chine, de l'Angleterre à l'Australie et de l'Auvergne à Paris ? Ils et elles l'ont fait pour sauver leur peau, pour tenter leur chance ou échapper à une condamnation. Ils l'ont fait pour ouvrir une voie qui mène jusqu'à vous. Nous existons grâce à eux, quels que soient leur motif et leur crime.

Prendre conscience de notre terre d'origine n'est pas pour nous y réinstaller mais pour faire émerger une caractéristique, au moins une, que nous avons en commun. Ce lien, qui souvent ne peut se retrouver que par un travail énergétique, en complément de recherches d'ADN et généalogiques, est essentiel pour irriguer nos propres forces de vie. Il réveille une énergie que nous avons mais qui demeure souvent dormante et insoupçonnée. Lorsque cet élément émerge, enfin, la personne revit. Elle « augmente sa fréquence ».

Il est important de ne pas confondre le rétablissement d'un flux invisible, ignoré mais vital, avec nos ancêtres et l'acceptation d'une dette qui était la leur. Les aïeux nous veulent du bien car nous continuons à déployer une part d'eux-mêmes en menant notre propre vie. Comme un arbre mort se réjouit des repousses sur son tronc. Nous ne sommes pas là pour finir ce qu'ils ont laissé en plan mais pour continuer à faire vibrer des brins d'ADN et des talents que nous avons en partage. Il ne s'agit pas de continuer leur histoire mais de déployer la nôtre en puisant dans une vitalité commune.

Combien d'entre nous sont-ils encore connectés par leur habitat, leurs vacances ou leurs projets à une terre aimée, ancestrale ou rêvée ? Combien vivent chaque jour loin des paysages et des lumières qu'ils aiment et qui nourrissent leur âme ?

Entre 1960 et 2019, la population rurale a chuté de 38 à 19 % (moins d'une personne sur cinq)[1]. En 2019, le nombre de personnes déplacées à travers le monde

1. https://www.statista.com/statistics/466457/france-share-of-rural-population/.

aurait atteint 79,5 millions, soit environ 1 % de la population mondiale[1]. Un nombre croissant de personnes sont déracinées et vivent par choix ou opportunités dans des pays où ils ne sont pas nés. La perte du lien de mémoire survient très vite, en une ou deux générations. Les enfants et les petits-enfants gardent assez facilement l'information des lieux familiaux d'origine (ville, région, pays) mais le lien énergétique et de sens est perdu. Constatez-le en demandant autour de vous, non pas seulement de nommer les endroits, mais aussi de les trouver sur une carte.

En l'absence de transmission, ce qui a été chéri – ou haï – part en oubli, en nuage, en interprétation. Le sol ferme se dérobe. La mémoire s'effrite. La personne flotte, même si elle paraît très ancrée dans sa vie, son travail et sa vie personnelle. Les ramifications de ces oublis sont moins anodines que nous le pensons. Notre réalité se nourrit autant du vide des histoires familiales que de leur trop-plein.

Il y a plusieurs années, aux États-Unis, une voisine francophile au patronyme italien m'a apporté un document épais, partiellement relié, contenant toute sa généalogie maternelle, issue de France et installée au Québec depuis des lustres. Mon aide était requise pour identifier des lieux-dits précis. Prise au jeu, je lui ai acheté une carte de Bourgogne et y ai encerclé les villages. « Cela tombe bien car justement nous y allons cet été », me dit-elle avant de me demander la traduction intégrale d'un acte de propriété en lambeaux et surtout très long. Le temps était venu de mettre le holà. Son

1. Rapport annuel « Tendances mondiales » du Haut-Commissariat des Nations unies pour les réfugiés (HCR) publié le 18 juin 2020.

objectif était d'« aller récupérer le château familial saisi à la Révolution » ! Aucun argument n'y a fait. Reçus avec son mari par les propriétaires actuels du manoir, ils ont été éconduits par le titre de propriété légitime, qui annihilait toute illusion de restitution. La rencontre avec la réalité a été terrible, suivie d'une dépression, dont elle est sortie en revenant enfin s'installer dans son siècle. Abandonnant l'idée de devenir châtelaine, elle s'est remise à travailler et a perdu le goût de me parler en français.

Un article autobiographique du *New York Times*[1] raconte la quête d'un jeune homme dont le père, marin, cessa de le voir quand il avait sept ans. Cette absence, meublée de bribes de mémoires maternelles et d'un nom à consonance espagnole, provoqua la construction d'une identité sud-américaine. Enfant abandonné, il s'ancra *littéralement* dans une terre connectée à son père. Il devint journaliste au Mexique et explique s'être enfin trouvé « chez lui » dans les jungles cubaines. Jusqu'au jour où il retrouve son père, qui vivait à quelques kilomètres de son point de départ. Celui-ci n'avait aucune racine sud-américaine. Natif de l'Oklahoma, il s'était donné un nom espagnol, Ortega, « comme cela », s'inventant une origine prise pour de l'argent comptant par son fils.

Dans ces deux histoires, une trace de mémoire existe, étayée par quelques éléments tangibles. Le vide d'information déclenche un extraordinaire périple. La personne

1. Nicholas Casey, « My father vanished when I was seven », *New York Times*, 15 mai 2021.
https://www.nytimes.com/2021/06/15/magazine/my-father-vanished-when-i-was-7-the-mystery-made-me-who-i-am.html.

part à la chasse au trésor, ne comptant ni son temps ni ses efforts pour retisser, brin par brin, une trame déchiquetée. Le vide initial appelle du plein[1], c'est-à-dire ici l'invention d'une suite. Le processus motive car il introduit du sens dans une situation initiale de perte d'appartenance. Que le château de ma voisine soit définitivement perdu et que le fils n'ait pas une goutte de sang espagnol n'enlève rien au gain du voyage.

Chaque parcours en terres ancestrales, réelles ou métaphoriques, défait les nœuds des mémoires transgénérationnelles et tisse les fils de notre histoire. Le tissu de bure se transforme, la maille s'allège et l'habit sied davantage.

Dans le premier cas, il a fallu enlever un accessoire de taille (un château perdu). La croyance en une légitimité indue a pu être corrélée avec une série d'échecs professionnels. Elle postulait systématiquement à des offres hors de son champ de compétence. Suite à l'aventure, passé l'illusion, cette femme a enfin pu sortir de son exil et s'installer en terre américaine. Passé le choc, elle s'est enracinée dans la réalité.

Dans le second cas, la perte et le silence du père évaporé ont fait éclore un réel talent pour la narration d'histoires en terres espagnoles, *aimées par choix et non plus par défaut*. L'auteur est devenu chef de bureau du *New York Times* à Madrid. La greffe énergétique a pris. Il est à sa place et en joie, deux conditions essentielles pour le déploiement des forces individuelles.

Lorsque la flamme de la joie disparaît, que la vie s'étiole, que les perspectives se perdent et que les doutes

1. Marie-Pierre Dillenseger, *Oser s'accomplir. 12 clés pour être soi* (chapitre 7, « L'importance du vide »), Mama éditions, Paris, 2019.

prolifèrent, il est utile de s'interroger sur la qualité du lien que nous entretenons encore avec un lieu aimé. *La perte de sa terre* (terroir, paysage, maison d'enfance, climat, coucher de soleil, etc.) est aussi douloureuse, et négativement agissante, que la perte d'un être cher. Où sont les lieux que nous aimons, que nous avons aimés ? Depuis quand ne sommes-nous pas allés les visiter ? Qu'avons-nous gardé d'eux ?

Quels que soient notre histoire, notre terre d'origine et les récits qui nous parviennent sur notre généalogie, prenons au sérieux les ressentis physiques que nous avons quant aux lieux et aux ambiances. Identifions ce qui nous y fait du bien, nous inspire et nous parle. Il suffit parfois d'une seule bribe de mémoire, d'un seul indice pour que nous (re)trouvions le chemin vers le lieu qui, dans cette vie-ci, est le nôtre.

Identifier la terre qui nous appartient *énergétiquement* est source de vitalité, même si elle a été perdue, oubliée, vendue, saccagée. Son énergie existe en nous. Elle se manifestera ailleurs, le moment venu. Rapprochez-vous de ceux et celles qui détiennent une part de cette mémoire car elle ne disparaît jamais vraiment. Acceptez une main tendue, la chaleur d'un repas, la possibilité de coïncidences heureuses qui vont permettre une réinitialisation. Laissez-vous inviter par ce lointain cousin dont vous ne savez rien et avec qui vous avez peut-être si peu en commun. Ne sous-estimez aucune piste. Accueillez chaque indice. Laissez-vous guider.

*Note :* la Terre symbolise notre territoire, qu'il soit en mètres carrés ou non. Se centrer sur des objets donnant une impression d'appartenance est déjà un pas en avant. Il peut s'agir d'un fauteuil que nous ne cédons plus au chat ou au mari, une tasse, un coin de potager ou la place du conducteur en voiture. *Identifions. Affirmons. Occupons.* Cette place ou l'objet qui la représente marque le début d'une reconquête légitime d'un territoire émotionnel qui fait encore défaut. Le territoire physique suivra.

Pour Mohammed, sa terre est un tapis de prière jeté à la hâte dans un sac juste avant de quitter son pays en guerre. Ce petit rectangle maintenant usé, quarante-deux ans plus tard, est *sa terre, son territoire, son havre.* C'est là qu'il se connecte à lui-même, cette part de lui que ni sa femme américaine, ni ses enfants et petits-enfants ne connaissent vraiment. Il y est en paix et en alignement avec lui-même. C'est là qu'il nourrit sa vitalité.

***

## Si vous ne faisiez qu'une chose pour (re)trouver votre terre :

Suivez la piste gustative et l'intuition. Offrez-vous un restaurant de terroir ou aux saveurs qui vous mettent en joie, qu'il vous rappelle vos origines ou non. Si vous n'avez aucun lien avec une terre ancestrale aimée, prenez au sérieux votre amour des piments, des poissons marinés ou des chalachs. Votre affinité inexpliquée a son ancrage quelque part. Les mémoires énergétiques sont encore en rade « ailleurs ». Allez-y en légitimité, tête haute, et en confiance.

Si vous cuisinez, ressortez une vieille recette familiale. Osez. Selon le plaisir pris à l'exercice, approfondissez la piste ou éliminez-la.

Ceux qui ont une connexion particulière avec les plantes ou les arbres ont tout intérêt à leur prêter l'oreille[1].

## Si vous n'avez que cinq minutes :

Fermez les yeux et laissez un aïeul vous prendre par la main. Même si vous ne savez pas son nom, il ou elle saura vous trouver. Laissez venir. Dans les jours suivant l'exercice, voyez comment tisser un lien entre le ressenti et votre réalité actuelle.

En faisant l'exercice, Élisabeth a immédiatement senti la chaleur du soleil sur ses avant-bras. Elle vivait à Lille. Elle réside aujourd'hui au sud de l'Espagne. Bien qu'il lui ait fallu cinq ans pour « changer sa vie », elle n'a jamais cessé d'être portée par cette sensation de chaleur physique. Elle y revenait en autohypnose et à chaque moment de doute. Sa constance a porté ses fruits.

1. Monica Gagliano, *La femme qui tendait l'oreille aux plantes*, Marabout, Paris, 2021.

# 10

# Ennuyez-vous

*S'ennuyer est plus utile*
*que de ne rien faire.*

La hantise du désœuvrement et du vide qui l'accompagne est un phénomène occidental. Quand Lao Tseu, du haut de sa sagesse, nous dit « Sois vide et tu seras rempli », l'idée interpelle mais ne fait pas long feu[1].

Admettons que, comme il le constate au chapitre 11 du *Livre de la Voie et de la Vertu* :

« Bien que trente rayons convergent au moyeu
C'est le vide médian
Qui fait marcher le char.
L'argile est employée à façonner des vases
Mais c'est du vide interne

1. Lao Tseu, *Le Livre de la Voie et de la Vertu* (chapitre 22), Flammarion, Paris, 1979.

Que dépend leur usage.
Il n'est chambre où ne soient percées porte et fenêtre
Car c'est le vide encore
Qui permet l'habitat »

ce sont des roues, des cruches et des chambres qu'il décrit, pas les êtres que nous sommes. Nous sommes des enfants du plein, du plus, du mieux. Les agendas, les têtes, les comptes et les caisses sont à remplir, pas à vider. Nous avons inventé le travail à la chaîne, les 3/8 et les 7/11[1]. Tout est optimisé : les parcelles, les coins et les recoins, les temps libres. Où trouver du vide (et non du sous-vide) sans un effort personnel ou un problème technique ? Tout le monde n'a pas un ami ermite, prêt à nous accueillir pour un mois, ni la disponibilité pour s'exercer à l'ennui.

S'ennuyer est une étape avancée du rien faire. Rien faire repose. S'ennuyer indispose, voire angoisse. L'ennui est dit être la source de tous les maux, ce que je conteste. L'ennui désoriente. C'est sa vertu.

Lorsqu'une tempête a mis 500 000 habitants du Massachusetts dans le noir en octobre 2021, la première chose entendue a été : « Comment va-t-on regarder la suite de la série sur Netflix ce soir ? » Sans électricité, sans chauffage, sans Internet, sans téléphone, les quatre jours ont été longs. L'un de nous a pensé à une vieille radio. Par chance, nous avions des piles. Nous nous sommes alors retrouvés *tous* dans la *même* pièce, à faire la *même* chose : écouter une radiodiffusion autour d'un feu de cheminée.

1. Épiceries américaines ouvertes sept jours sur sept, vingt-quatre heures sur vingt-quatre (initialement ouvert de 7 heures du matin à 23 heures).

Après l'inventaire des réserves alimentaires (magasins fermés, feux de signalisation et lampadaires éteints), l'acceptation a suivi l'évidence : la situation pouvait durer. Sans batterie de téléphone, personne n'avait plus l'heure. Le temps s'est distendu. Puis, entre chien et loup, est apparu le désœuvrement. Pourtant habituée à créer du vide, je me suis ennuyée. J'ai retrouvé l'impuissance insondable des interminables journées d'enfance dans des étés interminables. J'ai appris depuis à laisser couler, passer, sans rien saisir, sans rien conclure. Juste attendre le moment où l'énergie du rebond va survenir.

Soudain s'est manifestée l'idée saugrenue d'une lecture à haute voix, suscitant un enthousiasme immédiat. Ce moment était absolument magique, surgi du vide et de l'ennui le plus profond.

Non seulement nous n'avançons pas tous au même rythme, ni de la même manière, mais nous avons chacun des plages d'apprentissage qui s'échelonnent dans des moments différents de notre vie. En astrologie chinoise, nous traversons des périodes successives, mesurées en décennies, chargées chacune d'une tonalité différente[1]. Le vaisseau que nous sommes a ses caractéristiques et ses besoins propres, établis dès la naissance. Il navigue ensuite au gré des vents temporels qui, tour à tour, nous chahutent, nous poussent dans le dos ou nous freinent. En d'autres termes, forcer une action avant l'heure met en stress. Les forces, les talents et les vocations ne se déploient pas sur commande. Le vide fait de la place au plein en devenir. L'ennui sert le vide. Le vide nourrit le plein.

1. Astrologie chinoise dite des « Quatre Piliers » ou *Bazi*.

Tout athlète, tout coach, sait que la performance tient autant à l'effort qu'au non-effort qui le précède et le suit. S'ennuyer, c'est appuyer sur le bouton « Pause » suffisamment longtemps pour vidanger, laisser couler, laisser passer et respirer un grand coup.

L'échec scolaire ou professionnel, si souvent vécu comme un traumatisme, est une opportunité de reprendre son souffle et prendre soin de sa monture. Sans le vide de l'examen raté ou du poste perdu, comment se tourner vers des forces connues de nous seuls et qui pourraient bien rester en jachère toute une vie ? Si les élèves américains n'ont pas autant conscience que les nôtres de ce qu'ils ne savent pas, ils ont l'énorme avantage d'avoir été confortés dans la fierté de ce qu'ils ont cependant réussi à apprendre. Ils n'ont pas honte des territoires qu'ils n'ont pas explorés et dans lesquels ils n'excelleraient pas. Moins entravés par un regard formatif, ils gardent une vitalité d'action et d'apprentissage non bridée, hyper-utile lorsque se présentent des opportunités de changement. Ils sont alors capables de changer de branche et d'activité avec une aisance qui surprend. Le rebond est d'autant plus facile que l'échec n'est pas stigmatisé comme un défaut d'intelligence. Il fait partie du chemin. Il crée du vide, condition essentielle à l'émergence de ce qui n'est pas encore visible et pourtant déjà présent.

S'ennuyer est plus difficile que de ne rien faire. C'est l'état où nous arrivons quand nous avons réussi à chasser tout ce qui est à faire ou jamais vraiment fini pour nous isoler suffisamment longtemps des pressions extérieures et personnelles.

C'est dans le vide sidéral de l'ennui, passé les caillasses des peurs et les gouffres où l'on craint à tort de se perdre à jamais, que jaillissent toujours l'idée, la piste et un bout de solution. S'ennuyer fait puiser dans son imagination, ses talents propres ou ses capacités innées. Notre vitalité nous saura gré de ce que nous n'attendions pas un événement climatique grave pour nous ennuyer. L'ennui est le terreau de l'énergie créatrice.

L'exercice suivant, bien que décrit dans plusieurs de mes livres, demeure essentiel. L'approche est inhabituelle, potentiellement déstabilisante et, à première vue, inutile. Il ne remplace pas les pratiques méditatives[1].

Il a le mérite de nous confronter à ce qui n'est ni advenu ni déjà présent à la conscience. L'élimination de tout support visible, auditif et sensoriel le temps de l'exercice pave le chemin d'une suite encore inaudible, aussi improbable que cela puisse paraître de ce côté-ci du miroir.

### Exercice du vide

Installez-vous face à un mur vide, si possible uni, sans papier peint ni objet d'aucune sorte. Fixez-le sans bouger, sans autre intention que de regarder le mur, ce plein fait de rien, ce rien fait de mur. Utilisez un réveil pour ne pas être inquiet du temps restant. Commencez par cinq minutes chaque jour, toujours à la même place et à la même heure.

La répétition favorise l'installation dans la posture. Prolongez si vous le souhaitez, sans jamais néanmoins dépasser un quart d'heure. L'exercice facilite les transitions et l'arrivée d'énergies (idée, actions, etc.) nouvelles. Les noter sur un carnet peut être utile sur le long terme.

1. Fabrice Midal, *Pratique de la méditation*, Le Livre de Poche, Paris, 2016.

L'ennui amène à distinguer l'urgent de l'essentiel. Il fait émerger les forces de vie qui ne doivent rien à la contrainte, au devoir et aux habitudes. L'ennui connecte à une suite qui ne peut se manifester que si le bruit auquel nous sommes habitués s'éteint.

Lorsque l'ennui se lève – et il se dissipe toujours –, soyons attentifs à la direction que prennent nos pas. Cette piste est à explorer.

***

## Si vous ne faisiez qu'une chose pour vous ennuyer :

N'allumez pas la télévision les jours pairs.

## Si vous n'avez que cinq minutes :

Éteignez l'ordinateur.

# 11

# Célébrez vos avancées

*Chaque avancée est*
*une victoire à célébrer.*

Avant que les célébrations ne soient fixées par une religion et figées dans un calendrier, elles marquaient le retour de la plénitude ou la fin d'une difficulté : l'arrivée de la pluie après la sécheresse, celle des baleiniers partis dix-huit mois plus tôt ou celle de la paix. Le plein ou les conditions de sa création succédaient au vide, à l'absence et au manque. La vie pouvait alors reprendre son cours.

Célébrer officialise un changement d'état, comme passer de la solitude aux retrouvailles ou de l'insécurité à la confiance. Les célébrations permettent l'expression collective de toute la gamme des émotions : la douleur (enterrement), la gratitude (anciens combattants), la repentance (Vél' d'Hiv', Shoah), l'excitation (carnaval), le bonheur (mariage, naissance) et la fierté (indépendance). Qu'il s'agisse de moments tristes – funérailles, commémorations, départs en retraite – ou joyeux, célébrer honore la vie, par nature désordonnée et rétive au bornage.

Marquer le temps par des événements récurrents structure en profondeur. Les émotions, canalisées par un événement partagé, se régulent ensuite plus naturellement.

Les repères temporels que sont les horloges, les horaires, les fuseaux horaires permettent de s'orienter dans le quotidien et d'organiser la vie sociale. Les célébrations, elles, rythment les années en y apportant du sens. Sans la conscience actée des changements – deuils, saisons, anniversaires – le temps s'étire et se dilue comme un long spaghetti. Il devient un fil sans texture et parfois, tout simplement, disparaît. Certains en perdent le sens du jour et de la nuit, jusqu'à vivre les volets fermés. Dans un monde virtuel, l'écran dicte parfois le moment.

Chaque célébration, unique ou récurrente, personnelle ou collective, poinçonne le temps d'une marque tangible. Ces actes marquent notre propre histoire en bornant les étapes et les avancées déjà réalisées. Ils formalisent la conscience des accomplissements. Ne pas marquer une victoire – un contrat gagné, un sourire enfin reçu, un document rendu dans les temps – est comme un pied de nez à l'univers. Celui-ci pourrait se lasser de collaborer. Et nous pourrions oublier nos propres victoires, happés par le défi suivant.

Sans célébration du petit, nous surestimons le grand et décourageons la monture. Lorsque le but est atteint mais que la récompense est absente ou sans arrêt repoussée, la fibre énergétique se fatigue. La motivation se dilue. Les efforts se répètent sans que le chemin parcouru soit mesuré avec satisfaction et fierté. Qui n'a retrouvé dans la maison d'un parent décédé des objets précieusement gardés « pour plus tard ou une grande occasion », et dont finalement personne n'a profité ? À quoi bon un « service de fêtes », si l'on ne fait jamais la fête. Oser la faire, même en tête à tête avec soi-même, en sortant la plus belle assiette et le verre à pied, est une expérience à tenter.

Sortez le précieux des armoires où il dort. Utilisez les tasses, les services, les fringues. Bravez les interdits et les « à quoi bon ? ». Créez l'enthousiasme et résistez à la solitude. Buvez votre eau préférée dans un beau verre et allumez des bougies à la moindre occasion, pas seulement les grandes, si cela vous en dit. Offrez-vous un verre de champagne même si personne n'est là pour partager la bouteille. Achetez-vous la montre, la bouteille ou la crème de corps pour *vous* remercier d'avoir posé les actes qui comptaient. Célébrez le moment de l'arrivée et aussi celui du mi-chemin. Le simple fait d'être en chemin est parfois motif de célébration.

Inventez-vous les occasions, les rituels, les mises en scène. Je fais un vœu chaque fois que je découvre un nouveau plat et chaque fois que je mange un premier fruit de saison. Chaque occasion est bonne pour me rappeler que la vie continue de venir à ma rencontre. Le temps d'arrêt, pour le vœu, la jolie nappe, les gaufres du dimanche, me signifie que la vie est mouvement, cycle et retour du bon après la tempête. Les célébrations que vous instaurez sont comme des bornes sur le chemin : s'y poser est gratifiant.

Célébrer en conscience, c'est-à-dire en restant connecté aux motifs initiaux ayant donné lieu à l'événement, nourrit l'âme et active la vitalité. Célébrer sans conscience déconnecte du fil de vie que la célébration visait à renforcer. Lorsque le sens se perd, en toute chose, la vie perd du terrain. Thanksgiving, la célébration d'un festin partagé entre la tribu native des Wampanoags aux États-Unis et les colons anglais en 1620 en est un exemple. Elle se confond aujourd'hui avec le massacre annuel de millions de dindes, l'engorgement colossal des aéroports et la ruée massive vers le déstockage des centres commerciaux (Black Friday). Le repas est certes pris en famille, accompagné d'une formule de remerciement, mais en oubliant le sort qui a été réservé aux autochtones après le premier Thanksgiving.

Osez les contre-pieds et les anticélébrations : jeûner à Noël, manger du poisson à Thanksgiving, faire une retraite au Nouvel An. Dès lors que l'occasion a du sens *pour vous*, le rituel fait du bien, et d'autant plus qu'il est répété au fil des années. Osez également ne plus vous forcer aux célébrations qui font l'effet inverse.

Avec l'arrivée des horloges en ligne, nous sommes passés du temps collectif au temps individuel. Les plus âgés ont encore le réflexe de chercher les horloges dans les gares, les stations de métro et les bâtiments publics. Nous avons tous la même heure sur nos téléphones et pourtant nous ne partageons plus le même temps. À quand le retour des horloges dans les lieux publics ?

C'est justement parce que nous avons la possibilité de fixer nos propres rituels avec les rendez-vous en ligne et « Facebook live », que l'injection des rencontres collectives, qu'elles soient ou non connectées à des événements anciens, est essentielle. Les manifestations sont aujourd'hui des rituels de rencontre collective, à heure et jour fixes, qui appuient autant les revendications qu'elles réchauffent le cœur des participants. Elles célèbrent l'affirmation d'une résilience, d'une différence assumée et d'efforts, parfois incompris ou maladroits, à donner du sens à nos vies.

Célébrez toute avancée, même les plus petites. Marquez le moment, marquez le pas. Arrêtez le temps en posant une borne qui étayera votre mémoire dans les années suivantes. Créez de nouveaux rites de célébration et de passage de gué. Je rêve du moment où toutes les familles célébreront le courage de l'un de ses membres de se lancer dans une activité nouvelle, même à l'âge de la retraite, même si tout n'est pas gagné, même si la personne sort des sentiers battus[1].

Chaque pas est un pas. Chaque victoire face aux aspérités du quotidien, au découragement et à la critique mérite d'être célébrée. Célébrez sans vergogne le volet enfin réparé, le chapitre terminé et la météo clémente. La réparation aurait pu être plus coûteuse, l'écriture plus longue et la balade contrariée.

Célébrez, c'est dire merci à la vie. C'est motivant pour la vitalité.

***

## Si vous ne faisiez qu'une chose pour célébrer vos avancées :

Planifiez dès maintenant le cadeau ou les circonstances (objet, endroit, compagnie, tenue, etc.) de votre prochain anniversaire.

---

1. Les énergéticiens, les thérapeutes et les praticiens alternatifs, les chamans, pour n'en citer que quelques-uns, me comprendront ici.

## Si vous n'avez que cinq minutes :

Ouvrez la fenêtre et respirez un grand coup !

Portez un toast au soleil, pour qu'il se réjouisse lui aussi de vous retrouver demain matin.

# 12

# Laissez couler

*Une personne méchante est*
*une personne en souffrance.*

Laisser glisser la critique, en refusant la riposte, est une parade efficace[1]. Non seulement la situation est souvent moins grave qu'elle ne le paraît à chaud, mais monter au créneau nécessite préparation plus que précipitation. Préserver ses forces est bon pour la vitalité. C'est en anglais, ma langue adoptive, que j'ai trouvé les mots de la mise à distance émotionnelle. Choisir sa bataille (*Pick your battle*) ou ne pas prendre les choses de manière personnelle (*Do not take it personally*) économise les forces et fait gagner du temps.

Calmer le jeu n'est pas capituler. C'est refuser de s'engager sur le terrain de l'autre. Les affronts sont des

1. Marie-Pierre Dillenseger, *Debout. La force de s'incarner*, (chapitre sur les « huit parades »), *op. cit.*

distractions. Ils détournent des objectifs et ralentissent les avancées. Méthode Coué[1] et pensée positive ont du bon quand elles permettent de relativiser l'intérêt d'un conflit inutile. Quand les chiens aboient, passons notre chemin.

Le faux ami ou le chien, dit méchant, recherche l'attention plus que la guerre. Une personne méchante est une personne en souffrance. Sans l'excuser, cette lecture facilite la prise de distance. Comme de se dire que « le méchant » a le mauvais rôle dans le scénario de notre vie : celui de nous dessiller les yeux sur le fonctionnement du monde. Le monde est ce qu'il est, et non ce que nous imaginons. Il n'y a pas de destinée condamnée à l'arnaque.

Se faire avoir fait partie du chemin, aussi insupportable que cela soit. Qui n'a pas été trompé ? Un mari en or se révélant volage, une voiture d'occasion se transformant en citrouille, un médicament panacée finalement retiré du marché ? Chacun a sa version et les variations de cette partition sont infinies : recevoir une injection d'eau salée au lieu d'un vaccin[2], prendre une arnaque pour un investissement rentable ou du bois teinté pour un parquet en teck.

Les désillusions sont des embûches à enjamber et des marches à monter. Lorsqu'elles surviennent, notez les

1. La méthode d'Émile Coué consiste à se répéter des affirmations positives, parfois même au détriment de la réalité. Elle s'est opposée aux apports pourtant indéniables de l'exploration de l'inconscient. Son mérite est d'identifier une problématique. La solution, qui consiste à se répéter une affirmation positive comme une litanie, a largement montré ses limites.

2. Salomé Vincendon, « Inde : des milliers de personnes victimes d'une arnaque au faux vaccin », BFMTV, 6 juillet 2021.

circonstances qui accompagnent la blessure, la critique et la chute. N'aurions-nous pas été trop confiants, un peu naïfs, peut-être crédules ? Apprécions notre part de responsabilité dans l'incident *sans néanmoins le prendre de façon personnelle.* Cela n'en est pas pour autant de notre faute. Il nous fallait en passer par là pour commencer à *voir*, discerner et enfin rebondir. Ne nous trompons pas. Distinguons les vessies des lanternes.

Sur un champ de ruines, de débâcle ou d'accident, il est essentiel de parer au plus pressé, puis utile de se retirer en soi. L'événement semble souvent ne pas avoir de sens. Aussi douloureux soit-il, la question n'est pas « Pourquoi cela m'arrive-t-il à moi ? » mais « Qu'ai-je à entendre de la situation ? ».

Dans un moment de stupéfaction ou de douleur, la pente naturelle est de s'enfermer dans une solitude pensée comme unique et absolue. C'est effectivement de nous – et pas des autres – nos voisins, nos amis – qu'il s'agit et il est naturel de nous sentir isolés. Mais dans un tel moment, nous ne sommes jamais vraiment seuls. Nous sommes connectés à tous ceux et celles qui, avant nous, au même moment ou ailleurs, vivent, ont vécu et vivront eux aussi un affront, un deuil ou une trahison tels que ce que nous traversons aujourd'hui.

Chaque deuil est un deuil et aucune comparaison avec d'autres deuils n'a de sens. La perte d'un doudou à cinq ans n'est pas moindre que celle d'un parent à cinquante. J'ai encore en mémoire les mots entendus le jour de l'enterrement de mon père : « Perdre un père est moins grave que de perdre un époux. » Il convenait donc que je sèche mes larmes et entende la douleur de l'autre. Ce que j'ai fait. Mais les larmes ne vont, sous l'effet de la volonté, nulle part. Lorsque ma mère est à son tour partie, elles étaient là, tapies, enflées par trente-cinq ans d'attente silencieuse. Les ruisseaux ont simplement repris leur cours.

Se faire avoir dessille les yeux et nourrit le discernement. L'incident est au service du centrage personnel. La leçon entendue ne mérite pas la riposte. Laissez couler.

Lorsque, ne cherchant pas les histoires, vous les rencontrez quand même, en famille, au travail ou dans l'immeuble, ce n'est pas que vous débloquez mais plutôt qu'un ajustement est à faire. Lorsqu'un robinet fuit, et fuit encore, il convient de s'occuper des joints avant de s'en prendre à l'univers ou à soi-même. Dans le cas où *laisser couler* n'éloigne nullement les symptômes conflictuels, il est opportun de se demander si la bataille n'est pas, justement, le point d'avancée. C'est l'illusion d'impuissance et l'habitude d'encaisser qui doivent être remisées. Je suis régulièrement le témoin du tourment de personnes bienveillantes et pacifiques confrontées à des conflits à répétition. L'enjeu est d'assumer une légitimité injustement chahutée par l'entourage. Les torts qui leur sont faits sont là pour qu'ils ou elles se redressent et finalement, un jour, osent dire non. Les circonstances viennent nous chercher à l'endroit même où nous aurions tendance à laisser filer notre capacité et notre responsabilité à faire face.

*Fool me once, shame on you. Fool me twice shame on me.* (Trompez-moi une fois, honte à vous. Trompez-moi deux fois, honte à moi.)

Lorsque la personne finit par l'entendre et a l'hérésie de ne plus lire la situation comme une malédiction mais comme l'opportunité de déployer ses forces réelles, jusque-là sous cloche, le climat change. Étonnamment, les guerres envisagées dans l'intimité de croyances dévalorisantes n'ont pas vraiment lieu ou sont brèves. Le retour à soi mène systématiquement à des territoires plus vastes. D'autres possibles se présentent dans la foulée. Cela contre toute attente. L'obstacle réveille les compétences que nous portions, y compris en termes de colère et de combat. En répondant « présent » au défi de leur déploiement, nous sommes comme des chevaux qui piaffent, prêts à nous éloigner des terres limitantes des peurs initiales.

Les vessies sont alors devenues de vraies lanternes. Nous passons de l'ombre à la lumière. Nous prenons de la texture. Les enjeux, acceptés comme sas de croissance, sont dépassés. Ils deviennent inutiles et s'évaporent. S'ils réapparaissent, il faut immédiatement se rappeler qu'ils ne sont plus que les fantômes du passé ou des piqûres de rappel ratifiant l'immunité acquise. Dans tous les autres cas, laissons couler. Choisissons nos batailles.

Laisser couler, c'est aussi laisser s'éloigner l'obsolète, le périmé, les amitiés qui ont failli et les lieux où nous avons souffert. Les situations dépassées et les parts de soi qui n'existent plus n'ont pas à naviguer avec nous. Débarrassons-nous des vessies dès lors que nous avons trouvé les lanternes. Les objets de nos souffrances anciennes sont à jeter à la poubelle. Il peut s'agir d'une photo où nous sommes en pleurs et qui continue d'amuser la famille, d'une veste portée le jour de l'annonce d'une séparation ou d'un lieu dans lequel notre enfance a été meurtrie. Laissons couler. Donnons, jetons, vendons. Ne regrettons pas.

Lorsqu'un doute ultérieur surgit sur la pertinence des décisions prises (vente d'un bien de famille, séparation, prise de distance avérée), ne relançons pas les dés. Laissons vaillamment l'émotion passer.

***

## Si vous ne faisiez qu'une chose pour laisser couler :

Au moment exact où vous alliez réagir au quart de tour, pensez immédiatement à un paysage, une musique aimée, un aïeul ou un guide bienveillant. Sautez à pieds joints dans l'image ou la mémoire. Laissez-la agir. Laissez venir le sourire intérieur. Respirez profondément. Puis, revenez à vos moutons et continuez votre chemin.

Pour d'autres, allez faire un tour ou allez boire un très grand verre d'eau. Visualisez les toxines de la situation se noyer dans le liquide et se diriger vers votre vessie. Si vous le pouvez, allez aux toilettes et soulagez-vous. Prenez conscience de la colère, de l'anxiété et de l'agitation qui s'éloignent dans les canalisations.

Une autre technique est d'avoir toujours sur soi une pierre, un morceau d'écorce ou un objet qui, tel un talisman, est connecté aux lieux qui donnent de la force. Le toucher requinque immédiatement.

## Si vous n'avez que cinq minutes :

Identifiez un dossier, une bataille, une réclamation que vous allez classer sans suite, non pas parce que votre cause n'est pas juste, mais parce que vous avez d'autres chats à fouetter. Votre temps est précieux.

# 13

# Sortez du binaire

*Nous avons une étoffe particulière*
*que rien ni personne*
*ne peut gommer.*

Il est difficile de garder présent à l'esprit tout ce qui a déjà été accompli, vécu et surmonté. Les années passant, il est normal d'oublier. Néanmoins, si se détacher des blessures anciennes est salutaire, occulter trop vite les avancées précédentes est limitant. La mémoire d'une qualité ou d'une compétence avérée, même minimale ou sans utilité aujourd'hui, préserve la conscience de qui nous sommes.

La responsabilité de mémoire nous appartient *même si personne d'autre ne se souvient.*

S'agiter pour des conflits professionnels, des problèmes de nounou ou des travaux qui traînent, alors que l'on est sorti gagnant de la bataille pour la promotion, l'adoption, le financement de la maison insulte les forces existantes. Ces problèmes résultent des victoires précédentes. Ils attestent du chemin déjà parcouru autant que de nos forces de vie. Comme dans une randonnée, les kilomètres précédents comptent. Les montagnes traversées sont derrière nous. Ne les voyons pas devant et n'attribuons pas trop vite au hasard ou à la chance les réalisations qui sont les nôtres. *Tout ne se rejoue pas à chaque fois.* Ne pas oublier est un antidote à la dévalorisation et au découragement. Avant n'était pas mieux qu'aujourd'hui et demain ne sera pas pire que maintenant.

Que les proches ne souhaitent plus entendre le récit de nos accomplissements n'efface pas ce qui a été accompli. Que le collègue ignore nos origines, texanes ou chiliennes, ne change rien : nous avons une étoffe particulière que rien ni personne ne peut gommer. Il faut simplement s'en souvenir. Personne ne peut véritablement connaître ni partager les mémoires et les paysages laissés derrière par ceux qui immigrent dans un nouveau pays. La personne doit accepter sa réalité actuelle et s'adapter. Mais oublier son étoffe énergétique, sa vie d'avant comme ses cicatrices, revient à se déposséder d'une part de soi. La vitalité en prend alors un coup.

Assumons nos origines. N'oublions pas qui nous sommes, à qui nous ressemblons et de qui nous partageons le prénom, même si les remarques sur l'aïeul en question sont désobligeantes. Reconnu, valorisé et assumé, le lien saura agir en notre faveur. Ne laissons personne réécrire notre histoire, ni celle de notre famille. Honorons le passé, celui de nos ancêtres et celui de notre enfance. Ne nous cantonnons pas à l'histoire récente. Trois ou quatre générations par exemple, dans des pays ayant connu l'exil et la colonisation, ne donnent pas suffisamment d'information sur la force ou la résilience de la lignée.

Nos ancêtres ne nous feront de l'ombre que si nous n'allons pas à la rencontre de leurs qualités. Grappillons les histoires encore circulantes dans les mémoires familiales. Essayons d'en savoir plus sur les objets dont nous avons hérité, quels qu'ils soient, car le hasard des circonstances n'est jamais seul en cause. Nos aïeux voient en nous les forces transmises au fil du temps, d'une génération à l'autre. Osons nous appuyer sur leur confiance invisible. Acceptons ce qui nous a été transmis. Recherchons les alliances plus que les défauts.

La cécité, l'amnésie et la mémoire sélective existent au sein des lignées transgénérationnelles. Chaque histoire a son côté obscur. Chaque omission a sa force magnétique, tel un aimant qui n'attend que la question pour connecter. Les narrations familiales trient, déforment et occultent, comme la terre a graduellement recouvert les voies gallo-romaines. On finit même par ne plus savoir que des qualités – et des voies romaines – ont existé. Ces processus d'effacement et d'oubli existent dans toutes les familles, même sans problématique d'origine et différence de milieu. Les accommodements se font au profit de telle belle histoire plutôt qu'une autre, au profit de la lignée maternelle plutôt que paternelle ou vice versa. Oublier peut donner un avantage stratégique. Le défaut d'alcoolisme, par exemple, est utilisé pour ternir le talent de celui qui a pourtant construit la fortune familiale. Une très lointaine cousine, rencontrée aux États-Unis, m'a ainsi parlé de son ancêtre « entrepreneur, qui possédait la moitié du village ». Je l'ai laissée dire, connaissant l'endroit.

Les arrangements, les affabulations et les mensonges servent les alliances au sein des dynasties. Ils permettent aussi de ne pas sombrer dans des gouffres de honte, de culpabilité ou de regrets. Ils servent de béquilles aux histoires mutilées, humiliantes ou absentes. En cela, ils répondent au besoin de tenir ne serait-ce qu'un fil au lieu d'une trame inexistante. La vie peut continuer même si la vérité n'y est pas et que s'en trouveront durablement empoisonnées les générations suivantes. Il nous appartient de clarifier ce qui nous relie, non pas pour réparer, mais pour récupérer pleinement la vitalité qui nous a été transmise.

Travailler sur soi est louable. Revenir systématiquement sur un défaut ou un risque potentiel, réel ou supposé, est assassin. Oublier les batailles gagnées mine notre réserve de forces. Paul Watzlawick a détaillé la capacité humaine à omettre ses qualités pour suffoquer dans les défauts, réels et inventés[1]. Nous le faisons tous, pas au même moment et pas pour les mêmes choses, car la capacité individuelle à céder au découragement est immense[2]. Comme celle d'ignorer systématiquement le fait que, comme les nuages, les ennuis passent. Si vous interrogez des personnes âgées, elles en arrivent à regretter les problèmes car, à ce moment-là, elles avaient encore l'usage de leurs jambes, de leur tête ou la présence de leur conjoint.

Nos forces futures se nourrissent de toutes celles que nous avons déjà déployées. Elles montent en puissance

1. Paul Watzlawick, *Faites vous-même votre malheur*, Seuil, Paris, 2014 et *Comment réussir à échouer*, Seuil, Paris, 2014.
2. Anne-Catherine Segonds Dufour, *Le Petit Manuel du bien souffrir*, Kawa, 2018.

à chaque occasion saisie pour affirmer qui nous sommes, en actes et en paroles. Les batailles précédentes affermissent nos forces. Comme un muscle, la vitalité s'entretient parce que nous n'oublions pas qui nous sommes et résistons aux lectures binaires des racines familiales. La valeur d'un arbre ne peut être réduite à celle de l'une de ses branches.

Nous n'avons pas de compte à rendre à ceux et celles qui ne savent rien de notre chemin.

***

## Si vous ne faisiez qu'une chose pour sortir du binaire :

Établissez la liste de vos accomplissements, aussi futiles puissent-ils vous paraître. Avoir détourné l'attention d'un copain de classe pour qu'il n'écrase pas un escargot sur le chemin de l'école est un acte qui vous honore encore aujourd'hui, même si cela a fini en bagarre rangée à l'époque.

La collecte des souvenirs et des actes qui ont posé vos limites permet la mise en lumière rétrospective de qualités oubliées, minimisées et souvent tues. Laissez-les vous retrouver pour que se dessine le kaléidoscope de vos prises d'actes et de conscience. Votre impact n'est jamais négligeable. Sortez des cases où vous vous êtes rangés.

Ce que nous n'avons pas fait par crainte, par indifférence ou par fatigue, atteste de notre humanité. Nous faisons chaque jour *du mieux possible* avec l'être que nous sommes. Le faux pas, l'erreur, la lâcheté même, s'ils sont acceptés comme des étapes, douloureuses certes, viennent souvent par la suite nourrir le courage qui nous a précédemment manqué.

La mémoire des moments où nous sommes restés cois, silencieux et en retrait atteste d'une posture conservatrice et non d'une faiblesse. Les choix qui ont été faits autrefois, sur le vif et à chaud, résultent d'un angle de vue et de circonstances qui se sont présentées et imposées alors. Se confronter à la culpabilité qui en résulte encore, non pas pour se flageller, mais pour entendre enfin à quel point il était difficile de faire autrement, permet de tenir les regrets et les remords à distance. Mis à leur place, ils siphonnent moins la vitalité.

## Si vous n'avez que cinq minutes :

Rappelez à votre mémoire un compliment qui vous a touché, *enfant*. Savourez-le. Connectez-vous à l'énergie qu'il vous a donnée à l'époque. Mettez-la dans votre moteur émotionnel.

Ne ratez aucune occasion de faire un compliment. Il est important qu'il soit sincère. C'est la condition qui le rendra durablement agissant pour la personne qui le recevra. Faire du bien fait du bien.

# 14

# Acceptez

*Accepter n'est pas se résigner.*

Tant que le face-à-face avec la réalité est repoussé, nous demeurons dans l'inconfort d'une antichambre obscure. C'est en voyant la réalité en face – une situation de contrainte, d'injustice ou de maltraitance – que nous pouvons sortir de l'impasse. Accepter l'impossible – c'est-à-dire ne pas pouvoir aujourd'hui encore changer une situation, un lieu ou une personne – est une clé d'accès à la liberté. Dans un conte, c'est le moment où la personne se pense perdue et arrête de lutter contre le courant. Parce qu'elle ne s'oppose plus, elle passe d'une posture de tension et de résistance (*yang*) à une posture de lâcher prise et de souplesse (*yin*). Sur un champ de bataille, c'est faire le mort. En réunion, c'est ne pas relever. En amitié, c'est ne pas contredire. *Lâcher prise* ne donne plus de *prise.*

Accepter n'est pas se résigner mais caler son pas sur un rythme qui nous dépasse encore, celui des circonstances du rebond inconcevable pour le moment. Tant que la situation est en notre défaveur ou qu'une part de nous n'a pas atteint son seuil de tolérance, attendre est sage. Le temps, c'est-à-dire le moment opportun pour agir, doit lui aussi être au rendez-vous.

Nous ne choisissons pas le contexte économique, culturel et familial dans lequel la naissance nous projette. En grandissant, nous en découvrons les contours, les bienfaits et les contraintes. Puis nous en portons les conséquences. Face à un adulte ou un supérieur peu commode, nous n'avons souvent pas d'autre choix que d'accepter notre sort. Ne rien faire, attendre, voire profiter de la situation, n'est pas s'oublier mais permettre l'accumulation puis l'émergence des forces.

Arrivent alors des moments où les liens délétères commencent à se défaire, en sourdine d'abord et toujours discrètement. Une réorganisation de service se profile. Une mission éloigne le conjoint maltraitant. Le parent impossible fait un séjour à l'hôpital. Ces moments furtifs, inespérés mais réels, sont comme des hirondelles qui annoncent le moment où refuser la souffrance, puis prendre le large, adviendra. Ils permettent de respirer, de se retrouver et de (re)prendre ses marques. Déception, frustration et colère agitent les nerfs et alimentent le sur-place plus que le saut en avant.

Personne ne peut dire à qui que ce soit de partir, de quitter un conjoint, un parent, un patron maltraitant. Personne ne peut reprocher à qui que ce soit de ne pas l'avoir encore fait. Partir sans avoir accumulé les forces nécessaires à ce qui ressemble longtemps à un saut dans le vide est dangereux. Accepter de faire avec ce que l'on a, tant que l'on n'a pas plus ni mieux, est une clé de longévité. Nous seuls saurons, le moment venu, comment sortir du cocon de malheur dans lequel nous sommes enfermés avec notre bourreau, les mémoires mortifères et nos doutes.

En attendant, occuper le terrain que l'on a déjà, en ne se jugeant, ne se comparant et ne se culpabilisant pas, engrange de l'énergie. Ce territoire se réduit parfois à une tasse, à un tapis de prière ou à la photo jaunie d'un être aimé. Profiter de ces minuscules points d'appui sans conclure que le changement ne viendra pas est essentiel. Sans ancrage, aussi minuscule soit-il, dans les détails d'une vie qui par ailleurs ne nous ressemble pas ou plus, le rebond à venir recule comme un mirage. Certaines femmes épongent le compte joint à petit feu. Martial, maître-chien, malmené par ses collègues, s'est promis de ne jamais partir sans son berger allemand. Il a enduré et pris le temps de connaître ses droits. Le jour venu, c'est avec son chien qu'il est parti. Abattre ses cartes avant l'heure par des insinuations et des menaces resserre les chaînes plutôt que de les alléger.

Accepter la réalité d'un partenaire malveillant, grossier ou limité, n'est pas la soumission à ses défauts mais la confirmation que nos yeux sont ouverts. Voir la situation telle quelle permet le repérage – et parfois la construction – des issues de secours. Accepter ce qui est – une impasse affective, une mise au placard professionnel, un rêve déçu – ne mange pas plus de forces que de refuser de voir. Le pire est bien souvent ce que nous vivons déjà : une charge de travail insensée, des demandes familiales démesurées et un retour négatif sur l'investissement affectif ou économique.

Minimiser la réalité d'une situation délétère, quel qu'en soit le contexte, fragilise et désamorce les forces préparant l'après, ailleurs. Comme si le brouillard du présent tachait également le ciel de demain. Voir clair fait mal, mais pas davantage que la peine déjà endurée.

Le premier pas franchi, un deuxième va suivre. Dans les contes, le héros se jette dans le vide, les yeux fermés, persuadé de s'écraser au sol. C'est alors qu'une autre réalité surgit, dans la même histoire, c'est-à-dire dans la même vie. Un dragon, un tapis volant, un bon génie survient au moment même où l'on pensait périr. Dans la vie réelle, les solutions se trouvent, toujours. Mais elles ne peuvent venir à soi qu'après le premier pas, c'est-à-dire qu'après le saut dans le vide.

Marielle a pris son fils par la main, une seule valise et accepté de vivre dans un garage. Elle y est restée trois mois, a changé d'adresse plusieurs fois dans l'année qui a suivi mais les voies se sont ouvertes. Et la vie a suivi. Anna, elle, a tout donné – meubles, vêtements, souvenirs – avant de partir au bout du monde pour un poste d'assistante en anglais. Elle est partie avec un billet d'aller simple et un sac à dos. C'était il y a vingt ans. Selon son ex, sa famille et ses collègues, il n'y avait rien à trouver là-bas. La vie y est pourtant venue à sa rencontre. La suite s'est écrite parce qu'elle a accepté qu'elle puisse exister, envers et contre tous.

Dans un livre inspirant sur les loups, Elli Radinger confie sa rupture avec son passé d'avocate : « Les délits, les différends entre locataires et propriétaires et les divorces m'étaient de plus en plus insupportables… Je me traînais chaque jour à reculons vers le tribunal[1]. » Aujourd'hui, son cœur bat. Elle a trouvé sa passion et se

1. Elli H. Radinger, *La Sagesse des loups*, Guy Trédaniel, Paris, 2018.

dit « droguée aux loups ». Elle est debout, pleinement vivante[1]. La souffrance a eu lieu. Elle a passé. Accepter la réalité permet de tourner les pages.

Accepter que la vie soit présentement difficile est essentiel comme d'accepter qu'elle puisse enfin nous sourire. Sourions-lui. Pratiquons les sourires devant un miroir, avec une amie, en famille. Parlons à cette part de nous-mêmes que l'adversité et les déceptions n'ont pas abîmée. Acceptons que demain soit un autre jour et non pas la suite d'une malédiction. Acceptons que le courage de changer puisse rencontrer les solutions qui cherchent à nous trouver.

Nous ne sommes jamais en retard lorsque le rendez-vous pris est avec la vie que nous portons en nous.

***

## Si vous ne faisiez qu'une chose pour accepter :

Identifiez trois vérités ou trois situations que vous avez du mal à accepter. Pour chacune d'elles, repérez les efforts que vous avez faits pour éviter de les conscientiser. Essayez de dater le début du problème (en nombre d'années, de mois ou de jours).

Faites deux colonnes, l'une pour le bénéfice gagné en n'acceptant pas la situation et l'autre pour la perte d'énergie encourue. Faites les comptes et graduellement, agissez. Évitez de poser des échéances à moins de six mois.

Par exemple : votre conjoint vous trompe. Accepter la réalité en face impliquerait une séparation ou une

1. Marie-Pierre Dillenseger, *Debout. La force de s'incarner*, *op. cit.*

demande de divorce pour laquelle vous ne vous sentez ni prête, ni équipée. Cela fait sept mois que vous êtes au courant. *Le bénéfice* peut être d'avoir bonne conscience à dépenser sans compter. *La perte* est un profond sentiment d'injustice, de gâchis et d'impuissance qui mine votre confiance en vous. *Action* : prenez deux rendez-vous, l'un, incognito, avec un notaire, et l'autre, au grand jour, avec un coiffeur pour une nouvelle coupe de cheveux.

## Si vous n'avez que cinq minutes :

Acceptez de vous poser sur une chaise et de respirer un grand coup. Ce que vous ne faites pas, à ce moment précis, l'univers s'en chargera. Gardez simplement le cap.

# 15

# Écoutez les générations qui vous suivent

*Les questions des plus jeunes*
*sont des pépites de vie.*

Arrivera le jour où nous nous retrouverons la personne la plus âgée de la famille, de l'équipe ou de l'immeuble. Ce sont les jeunes d'aujourd'hui, ceux-là mêmes qui parfois nous exaspèrent, nous déçoivent et ne nous écoutent pas, qui nous soigneront plus tard. Quand bien même nous aurions tout organisé pour rester autonome le plus longtemps possible, nous serons amenés à passer la main et à nous appuyer sur le bras d'un plus jeune. Les côtoyer active les neurones et teste la souplesse physique et mentale.

En dépit de la somme colossale de solutions dont l'humanité a accouché en deux millions et demi d'années surgiront toujours et encore des situations nouvelles et des problèmes pour lesquels notre génération n'a pas les clés. Celles-ci résident dans l'ADN, les efforts et les recherches de ceux et celles qui nous suivent en âge. Aussi utiles que nos solutions aient été en leur temps, elles datent déjà, comme un tableau contemporain ne l'est véritablement qu'au moment même de sa création.

À chaque difficulté nous sont données trois options :

1. Appliquer à la lettre les solutions préexistantes.
2. Les ignorer et repartir de zéro.
3. Inventer la version suivante des solutions déjà en place, telle la mise à jour d'un logiciel.

Chaque génération apprend des précédentes, tout en rendant ces savoirs partiellement obsolètes. La troisième piste est la plus propice à l'émergence de nouvelles clés, essentielles à la science, à la recherche et au renouveau des idées. Aussi agaçantes que puissent être l'ignorance ou la non-application des solutions existantes, envisager d'autres manières de faire, au vu et au su de l'expérience des aînés, est la seule posture garantissant l'évolution des modes de faire.

Les études montrent que même dans de bonnes conditions de transmission[1], seuls 20 % d'un message survivent entre ce qui est initialement dit, ce que l'autre entend, ce qu'il écoute, ce qu'il comprend, ce qu'il retient et ce qu'il répercute. Répéter, dire autrement, transmettre en passant par plusieurs chemins, est utile mais ne compense pas la colossale perte d'information entre deux personnes, l'une émettrice et l'autre réceptrice, d'une génération à la suivante.

Les conseils des aînés, tels des manuels bien faits, ne peuvent se substituer au besoin individuel d'apprendre, en se confrontant à la réalité, ni au désir des jeunes

1. C'est-à-dire sans accent, sans problème de langue et de différence culturelle.

générations de tester en live leurs propres forces et capacités. Nos compétences se construisent à partir de la trame qui nous est propre[1], du fil des connaissances transmises par l'éducation, et surtout par l'effet des affinités personnelles. En d'autres termes, nous avons à découvrir et à établir nos preuves par nous-mêmes. Tout au long de notre vie, nous accumulons chacun nos propres outils dans une mallette qui ne ressemble plus du tout à celles de nos anciens camarades de classe. L'expérience ne se stocke pas d'avance.

Plutôt que d'inonder les plus jeunes de nos savoirs, testés et triés sur le volet par notre expérience (et non la leur), mieux vaut les assurer de notre disponibilité si besoin et prêter une oreille attentive et bienveillante à leurs manières de faire. Leurs questionnements sont des enseignements en devenir. Retenons nos conseils, qui de toutes les façons ne seront que partiellement entendus (20 %) pour laisser de la place à leur instinct, à leur intuition et à leurs capacités innées de s'orienter dans un monde en transformation. Nos solutions les barbent, non pas parce qu'elles ne sont pas les bonnes, mais parce qu'elles ne sont pas les leurs. Chaque génération s'accomplit parce qu'elle a l'audace et la ténacité d'inventer la suite. Notre futur collectif dépend du *talent individuel à dévier des bonnes solutions d'autrefois.*

Nos leçons ayant été déjà tirées, nous perdons avec l'âge et l'habitude, la curiosité naturelle des plus jeunes face aux situations nouvelles. Très sûre de moi avec mes enfants, j'ai fini par comprendre que je n'avais

1. La trame énergétique, que je compare à un ADN énergétique, se décode à partir de la date de naissance selon la technique chinoise des Quatre Piliers (*Bazi*).

pas systématiquement raison et que leur perspective pouvait m'épargner des solutions moins efficaces. J'ai appris à retenir mon avis et à les écouter. Moi qui suis si attachée à l'âme des lieux et à l'histoire des objets, je les ai vus ignorer les boulets que représentent ce type d'affinités. Ils savent troquer, donner, vendre et quitter avec une facilité déconcertante. J'en ai pris de la graine.

Passer du temps avec des plus jeunes fait dérailler des sillons que nous avons mis si longtemps à creuser et qui, plus souvent que nous ne voulons l'admettre, sont devenus trop étroits. La force de contestation des générations qui suivent, leur mode de faire, parfois bancal et maladroit, est le signe d'une liberté préservée parce que nous n'avons pas tout décidé pour eux. Leur prise de risque atteste du droit intact à voler de leurs propres ailes, y compris dans des univers où nous n'irons jamais. Ils savent, comme nous le savions aussi, ce dont ils sont capables. Laissons-les accoucher des solutions du temps présent, qui est avant tout le leur.

Nous leur devons l'écoute, le respect et la confiance. Les côtoyer fatigue, mais c'est le gage d'une vitalité préservée en dépit des risques, des limites et des freins que nous aimerions poser « pour leur bien[1] ». Les écouter ne revient pas à leur donner carte blanche. C'est tout au contraire participer avec bienveillance et retenue à l'émergence du monde de demain.

***

1. Alice Miller, auteur et psychologue suisse, a documenté les traumatismes infligés aux enfants au nom d'une éducation abusive. Cf. son ouvrage *C'est pour ton bien*, Flammarion (Champs), Paris, 2015.

## Si vous ne faisiez qu'une chose pour écouter les générations qui vous suivent :

Inversez les rôles et demandez à un plus jeune de vous raconter une histoire. Elle peut être vraie ou inventée. Laissez-vous porter par la voix. N'intervenez pas si vous perdez le fil. Évitez les commentaires mais osez les questions. Raccrochez les wagons et attendez la morale de l'histoire. Puis l'histoire finie, n'hésitez pas à en demander une seconde.

## Si vous n'avez que cinq minutes :

Appelez un enfant ou un adolescent de votre entourage pour lui demander son avis sur une question qui vous préoccupe. Excluez de l'exercice toute question concernant l'usage de l'ordinateur, d'un logiciel ou d'un téléphone et tout sujet qui fâcherait ses parents. Ce geste et votre attention à la réponse, aussi farfelue que celle-ci puisse être si l'enfant est jeune, vont établir un lien de confiance en filigrane de la relation déjà en place.

La mémoire de l'échange restera une validation et une autorisation à proposer un avis pour le plus jeune. Cela est précieux pour la confiance en soi.

# 16

# Nourrissez votre âme

*Soignons le corps*
*Mais surtout, nourrissons l'âme.*

L'âme et le temps, aussi intangibles soient-ils, ne peuvent être impunément ignorés. Avoir des états d'âme, du vague à l'âme ou l'âme en peine sont des expressions qui en disent long. « Science sans conscience n'est que ruine de l'âme[1]. » Rabelais nous l'avait dit. L'avons-nous entendu ? Préserver son âme est un enjeu d'incarnation.

Selon Sébastien Bohler, docteur en neurosciences et auteur du *Bug humain*, notre cerveau est utilement programmé pour assurer cinq objectifs : manger, se reproduire, acquérir du pouvoir, étendre son territoire et s'imposer face à autrui[2]. Ce mode de fonctionnement,

1. François Rabelais, *Pantagruel*, Gallimard (Folio), Paris, 1973.
2. Sébastien Bohler, *Le Bug humain. Pourquoi notre cerveau nous pousse à détruire la planète et comment l'en empêcher*, Robert Laffont, Paris, 2019.

hautement compétitif et efficace à la survie, rencontre aujourd'hui ses limites. La poursuite du « toujours plus » est selon lui un bug du cerveau, capable d'entraîner l'humanité à sa perte. La destruction de la planète ne serait pas une histoire de méchanceté ni d'inconscience, mais de structuration cérébrale.

Nourrir l'âme, c'est se donner les moyens de trouver du sens au quotidien, aux épreuves qui nous façonnent et aux ressentis qui nous traversent. Pour Carl G. Jung, « la seule souffrance insupportable est celle que nous ne comprenons pas[1] ». Un malade à qui l'on ne parle pas souffrira autant dans une structure « 4 étoiles » que dans un hôpital public. L'âme s'apaise quand on l'écoute. L'âme se mobilise quand les synchronicités se manifestent. Synchronicités, intuitions et coïncidences sont là pour faire passer les messages que la raison choisirait d'ignorer.

Dire de quelqu'un qu'il n'a pas d'âme est une critique féroce. La personne est confinée dans l'armature inoxydable de son enveloppe physique, régie par des postures mécaniques et efficientes. Un lieu sans âme convient aux fonctions de transaction et de transit, là où il n'y a rien à ancrer ni à inscrire dans la durée. Ou quand nous sommes entre deux phases de nous-mêmes, déjà détachés du passé mais pas encore clairs sur la nouvelle forme que va prendre notre vie. L'âme ne prend ses ordres ni du corps ni de la raison. Elle semble être guidée par un monde invisible, rétif à la description et à l'entendement. Le cerveau s'y perd.

Il est des enfants dont on dit très tôt qu'ils ont une vieille âme. Même un entourage hostile au subtil se

1. Carl. G. Jung, *Collected Works*, vol. 5 : *Symbols of Transformation*, *op. cit.*

garde de contester la remarque quand elle est verbalisée, impression que ni les siècles, ni les sciences n'ont jamais expliquée.

Les vieilles âmes ont-elles connu tant d'incarnations successives qu'elles donnent au regard une très légère lueur d'ailleurs ? Ont-elles un accès naturel et privilégié à des mémoires et des savoirs universaux ? Viennent-elles d'un futur *déjà avéré ailleurs* pour nous apprendre à ne plus perdre de temps, à ne plus gaspiller nos forces ?

Les vieilles âmes semblent en paix avec elles-mêmes, conscientes des enjeux mais inintéressées par l'agitation, le bruit et les effets de pouvoir. Elles savent quelque chose qui nous échappe encore, connectées à une réalité plus grande et plus dense. Malgré la jeunesse des corps qui les accueillent, elles passent moins de temps que les autres à se perdre sur des chemins qui ne sont pas les leurs. La vie est comptée et elles le savent.

Ces enfants, hors case par leur comportement, placides ou détachés, souvent plus à l'aise avec des adultes que leur tranche d'âge, ont à gérer les stigmates d'une différence, prise pour un défaut. Alignés avec eux-mêmes, ils ne rentrent pas dans le cadre. Alignés avec le cadre, au prix d'efforts énormes, ils sortent de leur cohérence et entrent en souffrance. Ce sont sur eux que les génies, les mages et les dragons veillent afin qu'ils ne perdent pas leur âme.

Aux États-Unis, le diagnostic du trouble de l'attention[1] est fréquemment invoqué pour canaliser des postures qui échappent au formatage précoce. Les

1. ADD : Attention Deficit Disorder en anglais.

« hypersensibles, rêveurs, facilement distraits », ces « extraterrestres qui ne ressemblent à personne » et dérangent la classe sont médicamentés. Certains s'enferment dans leur chambre ou refusent la scolarisation. D'autres se réfugient dans une vie nocturne et en ligne, profitant des mondes virtuels officiels pour se rapprocher d'eux-mêmes.

Jérôme a refusé l'école de commerce pour une retraite spirituelle d'un an. À la sortie du monastère, son père l'attendait avec les clés de l'entreprise familiale, « même sans études supérieures ». Jérôme est alors reparti à l'autre bout du monde pour se consacrer à des études de théologie. Seul un travail personnel sur soi a finalement permis à son père, effondré, d'accepter ce choix.

Selon l'accompagnement familial, aidant ou non, le déploiement de nos qualités est retardé ou boosté. Lorsque nous sommes porteurs de forces motrices ou innovantes (forces dynamiques), la vie tend à nous mettre face à des personnes qui manifestent des qualités complémentaires d'ancrage ou de consolidation (forces statiques). Cela est souvent vécu comme de l'opposition, une incompréhension ou une injustice. Mais aucune n'est meilleure que l'autre. C'est l'alternance et la rencontre de forces dynamiques (*yang*) et de forces statiques (*yin*) en toute chose qui permet la respiration du monde et des êtres.

Les décalages entre les perspectives, les convictions et les investissements affectifs sont comme les dénivelés en montagne : fatigants à négocier, décourageants, testant l'endurance. En aucun cas, ils n'attestent de nos vraies limites. Ils signalent que nous sommes toujours en chemin vers nous-mêmes. Même dans un système aussi performant que le nôtre, il faut compter sur le temps, pas sur la contrainte, pour avancer.

Les qualités d'âme sont des atouts même quand elles surprennent ou passent inaperçues. Ne nous étonnons pas que nos propos, nos choix et nos engagements agacent ceux qui n'ont pas d'affinité avec la quête de sens ou les mondes invisibles. C'est décevant mais prévisible. Quelqu'un capable de percevoir le sens caché des choses va d'abord rencontrer des situations où l'obscurité prévaut. Quelqu'un porteur d'une capacité de transformation va d'abord expérimenter l'inertie. Ces forces contraires, aussi contrariantes soient-elles, contribuent à l'émergence de nos forces. Sans frottement ni résistance, celles-ci ne pourraient s'affermir ni s'affirmer.

Cette lecture explique, sans les excuser, les incompréhensions, les rejets et les conflits familiaux impossibles à lever tant que la famille n'accepte pas l'enfant, voire l'adulte qu'il est devenu, pour ce qu'il est : *différent*. Nos besoins, nos nourritures et nos chemins de vie divergent. N'engageons pas de croisade sur un territoire où l'autre ne peut nous rejoindre. D'autres comme nous nous attendent ailleurs.

Acceptons la situation telle qu'elle est le temps de trouver notre terre d'ancrage et avec elle, notre clan et notre nourriture d'âme. La solitude ressentie dans la quête de sens n'est pas une constante de la destinée. Elle accompagne une maturation personnelle encore en cours, la traversée de forêts sombres et le passage de cols. Ceux et celles que nous sommes venus retrouver, éclairer, accompagner dans un mouvement de respect et d'échange mutuel, existent. Nous ne les connaissons pas encore.

Nous n'avons pas de compte à rendre à ceux qui sont différents de nous.

Notre responsabilité est d'assumer qui nous sommes. Nos parents ont eu celle de nous nourrir. C'est à nous qu'il appartient de nourrir notre âme. Chacun a sa manière de faire. Nous savons tous ce qui alimente notre cohérence. En énergétique, cet équilibre est la condition de la vitalité.

***

## Si vous ne faisiez qu'une chose pour nourrir votre âme :

Offrez-vous un moment de gratitude quotidien envers une personne ou un lieu qui a introduit du sens dans votre vie. S'il est encore possible d'envoyer un petit mot d'amitié, faites-le. Certains allumeront un cierge. D'autres confieront leur souvenir au vent.

Ne sous-estimez pas votre propre capacité à nourrir l'âme de ceux qui sont en chemin. Vos gestes ne sont jamais vains.

## Si vous n'avez que cinq minutes :

Fermez les yeux. Transportez-vous dans un ailleurs qui fait du bien. Laissez venir les parfums, le soleil ou du vent sur la peau. Faites la planche, métaphoriquement.

Acceptez qu'un tel lieu existe et vous attende dans le futur. Ce futur s'écrit tous les jours, chaque fois que vous préservez votre territoire physique, mental, intellectuel et émotionnel. Multipliez les cinq minutes mises à son service.

# 17

# Ne renoncez pas

*Il est remarquable que le soleil*
*continue de se lever.*

Quand la vie ne se déploie pas comme nous le souhaitons et que le découragement surgit, se remettre en cause est naturel. C'est oublier que nous ne sommes que l'un des chaînons du processus. Suspendre les conclusions hâtives s'impose. Plusieurs causes méritent d'être sérieusement envisagées :

1. **Le timing est prématuré.** Le temps a une texture énergétique et une personnalité qui continuellement interagissent avec qui nous sommes. Comme sur un bateau, l'heure d'arrivée est plus une estimation qu'une certitude. Sans la connaissance de la météo temporelle, l'intuition – que l'environnement professionnel ignore – et l'expérience, c'est-à-dire les essais et les erreurs, sont là pour nous guider.

En lecture temporelle chinoise, le bon moment pour agir – ou ne pas agir – ne résulte pas plus d'un lancer de dés que d'un algorithme, aussi sophistiqué soit-il. Parce qu'il est une force cyclique, le risque de rater définitivement son tour est absurde. D'autres moments similaires se présenteront[1].

2. **Nous ne sommes pas prêts, quand bien même nous pensons l'être**. Une peur, un frein intérieur résistent encore. Ceux-ci trouvent leur écho ou manifestation dans l'avis des conjoints, des familles, des collègues qui, bien que sincèrement soucieux de notre avenir, mettent en lumière des hésitations *que nous portons*. Tant que nos propres doutes n'ont pas été suffisamment dissous, la confiance en soi prend l'eau.

3. **Notre avancée est innovante et, en cela, comporte une part de risque qui, naturellement, fait réfléchir**. Lorsque nous *ouvrons des voies nouvelles*, le projet ou la décision envisagée ne peut pas être validée par les autres. Nous ne pouvons compter que sur notre propre confiance et notre audace à aller de l'avant. *La validation extérieure est impossible à ce stade.* Cette solitude du passage de gué rend évidemment l'enjambée et la traversée difficiles. Or l'absence de validation atteste ici du fait que nos proches n'ont pas notre perspective, n'arrivent pas à suivre ou tout simplement s'inquiètent du risque de nous perdre. Ils ne peuvent ni suivre ni rassurer. Le frein réside dans notre attente, compréhensible mais vaine, de soutien extérieur.

---

1. Le cycle principal est à base 60 et la même énergie temporelle revient tous les 60 heures (5 jours, les 24 heures sont divisées en 12 heures de 2 heures), 60 jours (2 mois), 60 mois (5 ans) et 60 ans.

4. **Nous ne sommes pas sur notre chemin et l'univers cherche à nous le dire.** Si la candidature est encore une fois refusée, le projet retoqué et l'offre toujours lettre morte, n'est-ce pas le moment de s'installer en autoentrepreneur ? Si la personne aimée ne répond pas/plus, n'est-il pas temps de tourner la page ? La déception, la tristesse et la colère sont normales. Elles cachent néanmoins l'urgence du repositionnement.

Qu'il soit professionnel, amoureux ou social, le rejet atteste, avant toute chose, d'un défaut d'alignement. Ce n'est pas forcément nous qui ne collons pas. C'est l'alignement qui fait défaut. S'obstiner en repostulant, en relançant l'amoureux, etc. recule le moment où il est enfin possible de se caler sur nos propres rails.

Le refus répété indique qu'un autre chemin nous attend. Toujours.

5. **Notre travail, notre environnement, notre situation conjugale sont dégradés, épuisants, intolérables** et aucune avancée n'est humainement possible dans ce contexte. S'entêter à composer, transformer n'est autre que de s'enferrer. Le défi n'est pas de faire quand même mais de ralentir les moteurs, voire d'arrêter les frais. Le moment est venu de dire « pouce », de consulter la médecine du travail ou de poser des congés.

L'économiste David Graeber, le fondateur du mouvement Occupy Wall Street, a très bien décrit la perte massive et endémique de sens dans son livre intitulé *Bullshit Jobs*[1]. Selon son analyse, à la fois accablante et énergisante, des millions de personnes ont des « jobs de merde », si inutiles, insensés et pernicieux

1. David Graeber, *Bullshit Jobs*, Les liens qui libèrent, Paris, 2018.

que même l'employé lui-même ne peut en justifier l'existence. Les conséquences sociétales et politiques de cette insanité sont mortifères. Il souligne l'urgence du retour aux valeurs d'estime de soi et de sens au sein de l'entreprise.

6. **Notre tolérance à la souffrance et son corollaire, l'inhabitude à la satisfaction, sont encore trop grands**. L'insistance à s'insérer là où notre place n'est pas conduit à *souffrir pour rien*, voire à contribuer au maintien d'une situation pathogène.

Personne n'a le droit de nous mettre en situation « défectueuse » ou d'infériorité. Tant que cette réalité n'est pas conscientisée et assimilée, la posture demeure bancale. Nous restons sujet à prédation. En d'autres termes, nous restons mangeable, transformable en code-barres, en patient et victime anonyme. Arrêtons d'aimer ceux et celles qui ne nous apprécient pas. Leur reconnaissance et attention coûtent trop cher en énergie d'effacement, d'adaptation et de soumission.

Ces personnes – conjoints, employeurs, élus, médecins, parents – qui ne nous voient pas ne nous méritent pas. Les relations de famille, comme les relations professionnelles dont elles ne sont qu'une version plus élargie, sont pétries d'histoires anciennes, de non-dits et de loyautés cachées. Le contexte favorise et pratique l'enfumage. Ne changez pas de lunettes : portez-les.

7. **Nous n'écoutons pas encore suffisamment notre intuition et nos ressentis.** Face à une critique, se demander immédiatement *qui parle* est utile et parlant. Cette question est pertinente pour l'autocritique également. Est-ce nous qui n'aimons pas nos cheveux ou est-ce le reflet d'une injonction sociale sournoise qui associe encore la

chevelure frisée à celle des descendants d'esclaves ? Lorsque la critique est internalisée, les solutions adaptatives sont assumées à nos propres frais. Comme chez ces clientes américaines qui dépensent des fortunes en produits capillaires défrisants, avant des entretiens d'embauche, pour des jobs qui pourtant ne les motivent pas.

Les sourires pincés, les silences qui en disent long et les commentaires acides sont comme une poisse qui englue, ralentit et fige. Laisser glisser est utile quand l'occurrence est ponctuelle. Lorsqu'elle se répète, prenez une pincette virtuelle et enfermez les remarques dans un bocal hermétique. Niel a fait l'exercice et pris de la distance. Il dit garder la pince à épiler sur lui au cas où les critiques en rafale le retrouveraient.

Consolider la conscience de qui nous sommes passe par l'identification de qui nous ne sommes pas. Les vêtements et les photos dans et sur lesquelles nous ne nous aimons pas sont à recycler.

### Se débarrasser des oripeaux

Trouvez au moins une photo ou une pièce de garde-robe que vous n'aimez pas, conservée pour des raisons qu'il est trop tard aujourd'hui d'explorer. Levez-vous, allez chercher, trouvez, jetez.

Si m'envoyer la photo vous motive, faites-le. Votre geste aura un témoin. Il sera vu. Votre peine sera entendue.

L'exercice du miroir décrit au chapitre 8 est également utile. Il se décline en multiples versions. Choisissez la vôtre. Voici sa version originale.

## L'exercice du miroir

Campez-vous cinq minutes par jour devant un miroir en pied. Ne faites rien d'autre que vous regarder, quelle que soit la tenue. Soutenez le regard. Cherchez autant ce que vous aimez que ce que vous n'aimez pas. Répétez chaque jour pendant une semaine minimum et un mois maximum.

Il est extrêmement important de faire attention aux ressentis qui s'invitent suite à une décision de renoncement. Notre état atteste de la pertinence ou non de l'action posée.

Lorsque la décision de renoncer est juste, énergétiquement, elle nous met au diapason de nous-mêmes. La tristesse qui s'ensuit est comme une purge nécessaire pour se séparer du mal-être que nous étions capable d'accepter et dont la situation n'était que le reflet. Cette tristesse ne dure pas. Si au bout de quelques jours, la vitalité se confirme, assumons la décision justement prise et avançons résolument dans la nouvelle direction. C'est le moment clé pour mettre à jour le carnet d'adresses, la garde-robe et célébrer l'étape franchie.

La tristesse passagère et le vague à l'âme sont normaux, mais la dépression, l'enfoncement, non. Si la perte d'énergie est avérée et durable, sans honte ni regret, revenons sur la décision.

Ne renonçons pas à la conscience de qui nous sommes. Renonçons aux *rêves* de perfection. Courons plutôt après cette version de nous-mêmes encore un peu endormie, négligée par manque de temps, motivation et une multitude de raisons en voie de péremption.

La conscience assumée de nos qualités est bien plus utile que la fiction fantasmée de nos défauts. Renoncer à une illusion, c'est se rapprocher de soi.

***

## Si vous ne faisiez qu'une seule chose pour ne pas renoncer :

Retrouvez une photo où vous vous aimez. *Il est impossible qu'il n'y en ait aucune.* L'âge n'a aucune importance. Ce qui compte, c'est d'éprouver de l'affection pour la personne, vous en l'occurrence, visible sur la photo. N'hésitez pas à utiliser une photo prise à l'instant.

Prenez la photo en photo si elle est ancienne pour la garder accessible sur votre téléphone portable, par exemple, et ne plus avoir à ressortir l'album. Ne vous en séparez plus tant qu'une image plus récente ne vient pas la remplacer.

Regardez-vous de près. Repérez l'éclat, la lumière et la vie qui se dégagent de vous. Alignez-vous sur ces forces-là. Personne ne peut briser ce lien personnel une fois qu'il est rétabli. Renaître de ses cendres n'est pas de la science-fiction.

## Si vous n'avez que cinq minutes :

Mettez la main sur votre cœur. Sentez-le battre.

# 18

# Accueillez le rebond

*Une main tendue*
*est un défi à relever.*

À l'échelle d'une vie, le seul contrat valable est celui que nous passons avec notre vitalité[1]. Celle-ci collecte, absorbe et transforme chaque acte mis à son service. Comme un muscle, elle s'atrophie en période d'étiage, c'est-à-dire d'abandon de soi, et se renforce lorsque nous nous réalignions avec nous-mêmes[2]. Il ne s'agit pas juste de *se faire du bien,* en s'octroyant enfin un soin ou une semaine de vacances. Interrompre le rythme n'est qu'un premier pas. Mettre en place les conditions d'un changement de posture vertueux par rapport à soi, à ses habitudes et à sa propension à douter du rebond, requiert stratégie, efforts et discipline.

---

1. Au risque de faire sourire le monde du droit !
2. Marie-Pierre Dillenseger, *L'Alignement,* Mama Éditions, Paris, 2021.

Mon expérience précoce de l'acupuncture m'avait montré l'efficacité du traitement en dépit d'une magistrale économie de mots. Le médecin ne parlait sans doute pas aux enfants. Plus tard, soignée à Paris par un médecin qui, à quatre-vingts ans, sautillait d'une cabine à l'autre, j'ai vite compris que mon discours ne l'intéressait pas. Mes mots créaient du bruit. Mon pouls parlait mieux dans le silence.

Tout ce que nous savons de nos maux et de nos freins représente une formidable armada d'informations. Les causes, les circonstances, les détails comptent. Mais ils comptent moins que le silence, le calme et l'attention à discerner les conditions du rebond.

En mer ou en montagne, l'observation et l'écoute attentives permettent de s'orienter et de (re)trouver le chemin. Se refaire le film des erreurs et des alternatives ratées est une perte de temps et d'énergie. Les discours sont mis de côté pour donner toute sa place au présent. C'est de lui dont dépend la suite. Le rebond ne peut advenir que parce que nous donnons une chance à la survenance d'une issue au problème.

La vie se charge de nous présenter des moments, des circonstances et des personnes qui nous font trébucher, et d'autres qui sont capables de nous tendre la main. Leurs rôles ne sont pas les mêmes. Certains sont là pour que nous arrêtions de faire *toujours* confiance et d'autres pour que nous apprenions *quand* faire confiance. Les premiers nous apprennent à voir et à mieux discerner. Les seconds, à accepter que nous sommes reliés à une énergie de vie, qui nous dépasse et que pourtant nous portons.

Même si, dans l'enfance, personne n'était là pour souffler sur nos égratignures, panser nos plaies et relativiser les difficultés, l'eau a coulé sous les ponts. Ce qui était n'est plus, sauf dans notre mémoire. Le moment présent n'a pas la même énergie qu'à l'époque. Chaque jour est un nouvel allié. Chaque jour se joue un nouveau film. Le seul scénario dont nous sommes l'acteur est celui de notre vie présente et même un mauvais scénario peut donner naissance à un bon film.

La suite du chemin n'est jamais écrite *d'avance.* Elle s'écrit à chaque décision prise et à chaque acte posé, selon qu'ils nous rapprochent ou nous éloignent de nous-mêmes. Levons le nez et ouvrons l'œil pour accueillir les circonstances du rebond, de la guérison ou de la confiance retrouvée. Apaisons le bruit de notre mémoire et de nos ressentiments.

Des personnes bienveillantes existent autour de nous. Elles sont mises sur notre route pour passer les caps délicats. Les guides invisibles et les anges gardiens ne sont pas nos seules ressources. Un voisin, un collègue, un inconnu dans un train font parfois plus qu'un proche ou un ami de longue date. Laissons-les venir. Acceptons la probabilité de les rencontrer.

Je suis un jour rentrée de l'école pour trouver notre voisine du quatrième étage en pleurs, assise sur les marches de l'immeuble. Son chat était tombé de la fenêtre et elle n'osait pas aller le chercher. J'ai pris sa main et nous y sommes allées. Le chat vivait encore mais il était tombé sur un soupirail en fer forgé et avait les reins brisés. Nous l'avons pris à quatre mains, puis posé sur une couverture. Il est mort sur ses genoux, moi à ses côtés. J'avais neuf ans. J'étais là pour être là. Rien d'autre. J'étais là pour un passage de gué, non avertie, non préparée et pourtant à ma place.

Cette femme a accepté mon aide, alors qu'elle était l'adulte et moi l'enfant. C'est à mes côtés qu'elle a pu sortir de sa sidération, avancer un peu (retrouver son chat) et arriver au croisement suivant, là où son chat et elle devaient se séparer. Elle a eu le courage d'accepter ma main. Faire confiance à un appui, à un conseil d'ami, à la chance est un acte brave.

Parce que la difficulté plombe et que la douleur sidère, la posture naturelle et utile initialement est de se replier. Puis suivent les efforts pour comprendre. Mais si le pépin n'a pas de sens et qu'il n'y a rien à comprendre ? Si la foudre est tombée là où nous étions, comme cela, pour rien ? Si la chaussée était simplement glissante ? Et si ce méchant collègue a dit une méchanceté, sans y penser, bêtement ?

Les situations de difficulté où nous n'y sommes pour rien existent dans une multitude de versions. La fluidité des choses est l'exception. Même après avoir passé une foule d'obstacles, il en reste encore d'autres. Aussi sûrement que le soleil se lèvera demain. Et après chaque tempête, il y aura encore du ciel bleu, de bons moments, du calme et des sourires. Nier cette évidence, c'est comme rester sous un parapluie, alors que la pluie est passée.

« On ne m'y prendra plus » est une expression que l'on lâche au moment d'une déception brûlante ou quand on est dans le pétrin. Comme un animal blessé, nous nous enroulons sur nous-mêmes. Puis nous oublions l'affront ou le faux pas et réactivons l'illusion d'une autre issue avec les mêmes personnages. Les résolutions tournent aux vœux pieux : sincères et inopérants. La femme aimée ou l'amant marié, tous deux indisponibles, rappellent. Nous rechutons, qu'il s'agisse des carrés de chocolat « de trop », du « dernier » verre d'alcool ou d'une opportunité d'investissement « sûr cette fois-ci ». Se replier dans une défiance crispée n'a d'égal que la confiance exagérée des épisodes précédents. Si « un chat échaudé craint l'eau froide », l'humain trompé a parfois la mémoire courte.

Tenir à distance ceux et celles qui essaient de nous aider avec compassion, idées nouvelles et optimisme permet de conserver la posture initiale. La fixation bougonne sur notre malheur est un moyen efficace d'entretenir cercle vicieux et mauvais film. Elle décourage la main tendue et l'écoute sincère. Partager notre peine est impossible. Mais l'autre peut mettre à notre service sa capacité, quasi animale, de présence, le temps que le temps fasse son œuvre.

Nous gardons tous de la horde originelle une conscience capable de repérer celui ou celle qui est blessée pour l'aider à se relever et faire quelques pas. Comme le font les éléphants avec les plus faibles d'entre eux. C'est humain, grégaire, sans doute archaïque et bien utile. Un seul sourire peut redonner confiance et remettre de l'essence dans le moteur émotionnel. Il n'est ni sage ni réaliste de ne compter que sur soi pour sortir des ornières. La croyance en une suite forcément sombre insulte la loi des probabilités.

Accepter les opportunités de rebond et les coups de pouce contrarie les chroniques malheureuses auxquelles nous aurions pu nous habituer. Cet acte courageux ne crée pas tant une dette envers le bienfaiteur qu'*une dette envers soi.*

Accepter la main tendue nous invite à accepter de continuer ensuite sans elle, en misant sur nos forces, jusque-là atrophiées ou invisibles. Le défi est celui de l'alignement avec nos propres forces. Cet engagement ne peut se prendre à la légère.

***

## Si vous ne faisiez qu'une chose pour accueillir le rebond :

Dites oui pendant une semaine complète à toute proposition d'aide matérielle dès lors qu'elle se présente. Si rien ne se manifeste, provoquez la réciproque : proposez un coup de main à quelqu'un qui peine à porter un panier, traverser une rue ou trouver son chemin.

Même si l'on vous éconduit, le geste aura eu lieu. Vous venez de gagner des points. L'univers saura les valider.

## Si vous n'avez que cinq minutes :

Prenez la main que vous utilisez le moins dans celle que vous utilisez le plus et donnez-vous une chaleureuse poignée de main.

Allez à la fenêtre et repérez le coin de ciel bleu et non les nuages. Si le temps est couvert, cherchez l'endroit où les nuages sont les moins épais. Observez les mutations nuageuses.

# 19

# Pratiquez l'inertie

*L'inertie est*
*une formidable*
*machine de guerre.*

S'agiter pour bouger les montagnes est énergivore et vain. Respecter les cycles naturels qui se mesurent en siècles est lent et désespérant. Le monde, les choses, les circonstances nous résistent. Et si nous leur résistions ?

En ne rappelant plus l'ami qui se plaint toujours, en congédiant ceux qui ne sont jamais là quand il faut, en arrêtant de nous ajuster à des horaires trop variables ou trop rigides, en vendant la maison plutôt que de rénover encore et encore, en louant plutôt que d'acheter, en laissant pousser les herbes folles plutôt que de tondre, en donnant les fringues plutôt que de les transformer, en vidant le grenier plutôt que de garder les vieilleries. En nous taisant plutôt que de répondre. En n'allant plus là où nous ne voulons pas aller.

Chacun de ces actes implique une décision préservatrice là où nous pourrions nous forcer à faire, aller et dire quand même. Il crée une rupture là où habituellement la question même de notre engagement ne se pose pas. Qui laisserait tomber un ami ? Qui ne donnerait pas encore une chance à un amoureux ? Qui quitterait un boulot pour des questions d'horaires ? Eh bien toute personne capable de prendre la mesure des fuites énergétiques.

À chaque nouvelle sollicitation, notre carburateur émotionnel fuit et notre moteur (notre corps) se fatigue. Notre énergie se perd comme la chaleur auprès d'une fenêtre qui ferme mal, les mètres cubes dans un tuyau qui fuit et l'oxygène dans une cheminée qui fume.

Résister à la tentation de dire oui, choisir l'inertie et finalement *dire non*, change la donne. Comme une rustine sur une chambre à air, dire non permet de préserver son énergie vitale le temps d'arriver au prochain garage pour souffler, réparer ou changer la roue. La capacité à refuser la gestion des problèmes qui ne sont pas les nôtres est essentielle pour avancer sur nos enjeux, nos difficultés et notre avenir. Parce que le refus enfin acté crée un effet de surprise, il fait aussi émerger un espace de liberté qui invite des options jusque-là invisibles. En particulier celle de se reposer.

L'après-midi libéré rend soudain possible une opportunité insoupçonnée le jour d'avant. L'ami, surpris par une résistance inhabituelle, se met à proposer un échange de services là où le bénéfice n'aurait été qu'à sens unique. Lorsque nous acceptons ce que nous ne voulons pas vraiment, notre vitalité perd des plumes et notre âme se fragilise. Le *oui à contrecœur* paraît souvent plus facile qu'un *non hésitant* mais il englue durablement. Dire non coûte sur le coup mais libère dans la foulée.

Réagir au quart de tour, répondre en continu à tous les messages, tout le temps, demeure une habitude générale, un devoir et une prouesse. L'inertie a mauvaise presse. Elle est pourtant une fonction naturelle dans un monde de pesanteur où les matériaux comme les personnes, pèsent, résistent et s'usent.

Pourquoi ne pas remettre à demain ce qui peut être fait aujourd'hui et prendre le temps d'être quand il se présente ? N'avons-nous pas compris que nos listes de choses à faire se rallongent au fur et à mesure qu'elles s'allègent ? Que dire des comptes bancaires non utilisés par peur du lendemain, ponctionnés par les impôts au moment de la succession ? Vivre maintenant ou plus tard ?

Faire traîner la réponse, éviter d'écouter ses messages pour ne pas y répondre à temps, dire ni oui ni non peut paraître lâche. Ce sont pourtant des réponses temporairement utiles au travail de repositionnement. Laissez paraître, laissez dire et profitez du temps gagné avec vous-même et vos proches, s'ils ne sont pas ceux auxquels vous cherchez à échapper.

S'il est une fable de La Fontaine que je n'aime pas, c'est celle de « La Cigale et la Fourmi ». Elle est emblématique de la peur du lendemain[1]. La voici :

La Cigale, ayant chanté
Tout l'été,
Se trouva fort dépourvue
Quand la bise fut venue :

1. Jean de La Fontaine, *Fables*, Le Livre de Poche, Paris, 2002.

Pas un seul petit morceau
De mouche ou de vermisseau.
Elle alla crier famine
Chez la Fourmi sa voisine,
La priant de lui prêter
Quelque grain pour subsister
Jusqu'à la saison nouvelle.
« Je vous paierai, lui dit-elle,
Avant l'oût, foi d'animal,
Intérêt et principal. »
La Fourmi n'est pas prêteuse
C'est là son moindre défaut.
« Que faisiez-vous au temps chaud ?
Dit-elle à cette emprunteuse.
– Nuit et jour à tout venant
Je chantais, ne vous déplaise.
– Vous chantiez ! j'en suis fort aise.
Eh bien, dansez maintenant. »

Non seulement la fourmi fait preuve d'une totale absence de compassion envers sa voisine, mais elle incarne un mode de vie métro, boulot, dodo qui ne donne pas envie. La fable peint un monde binaire et exclusif : la vie est l'aliénation au travail. Suivre son talent, ici chanter, est suicidaire. C'est oublier que si la durée de vie d'une cigale adulte est d'un mois et demi, elle vit d'abord sept ans au stade de larve. La fourmi, elle, vit quatre ans. Si l'on fait les comptes, ce ne sont ni de froid ni de faim que meurent normalement les cigales. Elles meurent parce que leur cycle de vie est accompli. Les fourmis, elles, entassent pour le bien de la communauté qui leur laisse peu de répit pour en profiter.

Pourrions-nous faire ralentir les fourmis et taire les cigales ? Non, mais nous pouvons prendre conscience de notre propension à inscrire dans nos plannings des tâches inutiles ou de peu d'impact. Osons nous poser en toute situation la question du retour sur investissement *énergétique*. Cela en vaut-il vraiment la peine ?

Au décès d'un proche, de quoi nous souvenons-nous : des nappes repassées et des placards bien rangés ou des parties de fou rire ? Nous nous souvenons des moments où la vie s'est glissée dans le chaos des imprévus plus que des routines, des contraintes et des rappels à l'ordre.

L'inertie, comme une cale que l'on glisse dans une porte afin qu'elle ne se referme pas, permet de détendre le fil du temps pour y introduire des détours, des moments de vide, des espaces de respiration. Les animaux le savent bien lorsqu'ils se font lourds et inertes pour ne pas aller là où ils ne veulent pas aller. L'inertie sauve des cavalcades énergivores. Elle modifie le rythme, le ton et les conditions de notre engagement.

La pratique de l'inertie fait passer sur une autre qualité vibratoire, qui décourage pour nous ceux et celles qui ne nous méritent pas. Osons l'inertie pour économiser nos forces et gagner du temps avec nous-mêmes.

***

## Si vous ne faisiez qu'une chose pour pratiquer l'inertie :

Éteignez votre téléphone portable pendant tout un week-end en prévenant éventuellement l'entourage que vous avez fait un pari et que vous tenez à le gagner.

## Si vous n'avez que cinq minutes :

Restez immobile. Ne répondez à aucune sollicitation pendant cinq minutes. Cinq minutes sont un temps long. Éventuellement, programmez un réveil pour ne pas vous interroger sur la durée restante de l'exercice.

# 20

# Osez initier

*Soyez le premier*
*à saluer.*

J'ai plaisir en randonnée ou dans l'ascenseur à dire bonjour à celui ou celle qui me croise au moment même où le silence pourrait nous séparer. Les têtes sont baissées ou détournées. Les regards ne se rencontrent pas. La personne est dans sa bulle et fait comme si je n'existais pas. Mon chaleureux bonjour, qui provoque les roulements d'yeux de mes enfants, sort alors comme une surprise, une incongruité, un pied de nez. S'ensuit une onde vibratoire qui atteint néanmoins l'intérieur de la bulle, provoquant le plus souvent une réponse tout droit sortie d'un cortex endormi. Les consignes acquises dans l'enfance se réveillent sur-le-champ.

En randonnée, saluer l'autre est autant un acte de politesse qu'une assurance vie. En montagne, notre interdépendance est une clé de survie. Personne ne sait quand une aide sera nécessaire. Celui que l'on ignore sera peut-être le sauveur quelques heures plus tard. L'autre est un autre nous-même, aussi puissant et aussi vulnérable que nous : cela dépend juste du contexte, des circonstances et du moment. Quand nous saluons, c'est à notre propre humanité que nous nous adressons. De la même manière que nos offenses touchent chez l'autre une vulnérabilité que nous portons tous, plus ou moins enfouie sous des strates de défense, d'ego et de construction personnelle selon les circonstances et le parcours de vie.

Faire le premier pas en saluant un inconnu qui, le plus souvent, le restera, peut sembler être un coup pour rien, une perte de temps, un acte inutile. Pourtant ce geste compte. Il fluidifie le quotidien et huile les rouages sociaux. Sourire et saluer sont des actes de salut public qui ne prennent que quelques secondes et ne coûtent rien. En entreprenant le lien, nous rappelons à l'autre qu'il n'est pas seul et qu'une autre réalité que celle où il est enfermé existe. Saluer ne change rien aux partis pris, à l'impolitesse et aux opinions personnelles, mais affirme notre propre capacité à être, à voir et à partager un petit peu de temps commun, l'espace de quelques secondes. Si l'autre ne répond pas, c'est qu'il est ailleurs, absent du présent partagé. Il n'y a ni malveillance, ni mépris, ni intention, juste une difficulté à se situer en dehors d'une zone personnelle sécurisée.

La personne qui baisse la tête et ne salue pas modélise, souvent à son insu, une posture d'invisibilité ou d'enfermement en ignorant la vie présente à côté d'elle, dans le bus, la salle d'attente ou l'ascenseur. Prise dans ses réflexions ou soucis personnels, elle s'est abstraite du monde qui l'entoure, parfois pour mieux ruminer sa propre solitude. Ces défauts de salutation surprennent en montagne mais sont fréquents en ville, alors même que la solitude urbaine n'a jamais été aussi forte.

Or notre degré d'humanité ne se mesure pas tant dans les situations extrêmes – sur les champs de bataille ou lors d'un accident – que dans celles du quotidien : il s'agit plus simplement de tenir une porte, d'attendre une personne qui arrive au lieu de démarrer l'ascenseur sans elle et de sourire.

Le sourire à un inconnu ou au voisin grincheux ne figurera jamais sur un tableau de bord économique. Il ne recevra aucune médaille. Il sera rapidement emporté par le courant de la vie. Mais il atteste de notre humanité et de notre capacité à voir cet autre nous-même qu'est l'autre.

Même si la personne ne répond pas, l'onde se sera propagée. Elle nous entoure et crée autour de soi un sas immédiat de protection. C'est notre griffe. Elle compte et assainit un air vicié. Faisons notre part pour montrer le chemin. Laissons ensuite l'autre zigzaguer et se cacher le nez dans son cache-nez lors de la prochaine montée d'ascenseur.

Nous soupçonnons peu l'effet de notre geste. En assumant la posture bienveillante et généreuse, nous donnons l'exemple. Même sans le savoir, nous inspirons ceux et celles que le geste a surpris ou réveillés. Nous serons sans le savoir copiés. N'en prenons pas ombrage. C'est là, même tardivement, le signe de notre impact.

Ne concluons pas trop vite que nous n'avons pas été vus, que notre repas n'a pas plu et que le silence est de l'indifférence. Continuons notre chemin. Acceptons d'être un peu en avance. N'attendons pas. Initions.

Montrons le chemin. Si notre recette est copiée, reconnaissons que nous avons su inspirer !

***

## Si vous ne faisiez qu'une chose pour oser initier :

Soyez le premier à retrousser les manches pour améliorer un espace commun, qu'il s'agisse d'arroser une plante maladive (ou de la remplacer), de remettre en état les noms sur les boîtes aux lettres ou de saluer ceux qui ne saluent pas (encore). N'attendez rien en retour sauf votre propre satisfaction personnelle. Laissez l'univers faire les comptes.

## Si vous n'avez que cinq minutes :

Souriez à la prochaine personne qui croise votre chemin, connue ou pas. Le sourire à un inconnu compte double.

Repérez dans votre placard un vêtement qui vous plaît mais que vous n'osez pas porter. Portez-le chez vous un prochain week-end. Puis décidez de son sort. S'il est gardé, planifiez l'occasion où vous lui ferez prendre l'air. La première fois, cela peut être sous un manteau ou dans un endroit peu fréquenté.

# 21

# Prenez les problèmes à l'envers

*À chaque problème sa solution.*

Prendre un problème à l'envers, comme caresser un animal dans le sens contraire du poil, est généralement déconseillé. Néanmoins, combien de fois êtes-vous sorti d'un mauvais pas en faisant justement autrement que d'habitude ? Combien de fois, à l'inverse, êtes-vous resté empêtré, alors que vous suiviez les consignes ? Si ces situations ne vous parlent pas, passez au chapitre suivant.

Même en mathématiques, il peut y avoir plusieurs façons de résoudre une équation. Chercher systématiquement l'unique et meilleure solution stresse plus que nous ne le pensons. Au fil des années, plusieurs médecins m'ont confié leur difficulté à appliquer à la lettre des protocoles officiels. L'intuition les guide parfois plus favorablement, en particulier dans des situations critiques. Sans s'autoriser de grands écarts, ils acceptent d'intégrer des informations qui s'imposent à eux, parfois dès l'instant où la personne prend place dans leur cabinet ou est admise dans le service. « Les aiguilles se placent d'elles-mêmes. » Les praticiens en énergétique attestent de présences, invisibles mais ressenties, aux côtés de certains patients lors des consultations. Leur diagnostic s'en trouve éclairé et renforcé. L'information arrive à qui a les écoutilles ouvertes et est prêt à entendre.

Lorsqu'un objet est à réparer, nous le retournons, le regardons sous toutes ses coutures avant de dévisser, démonter et changer la pièce défectueuse. Plus la panne résiste, plus l'examen s'intensifie. Ne viendrait pas à l'idée d'un mécanicien de douter de ses compétences parce qu'il ne trouve pas rapidement la cause d'une panne. Si besoin, il sait faire appel à celui dans l'équipe qui arrive à voir ce que les autres ne voient pas (encore). Comme le Dr House dans la série américaine du même nom, la clé est donnée à ceux qui regardent la situation sous un angle différent, parfois inorthodoxe, faisant mouche là où les autres restent bredouilles[1].

Se demander pourquoi un problème arrive, ou pourquoi encore à nous, ou comment faire pour l'annoncer, est naturel. Ces questions renvoient en amont (la cause), en soi (la culpabilité) ou en aval (les conséquences). Elles prennent la tête sans pourtant être utiles à la résolution effective et rapide du problème.

1. *Dr House*, série américaine (2004-2012) dans laquelle un génie médical, non conventionnel, misanthrope et accroc aux médicaments dirige avec succès une équipe de cliniciens.

Elles laissent peu de place au présent à partir duquel le processus de réparation, guérison et résolution doit pourtant partir.

Lorsque la vie est en danger, les questions sont mises de côté au profit d'une action immédiate. Dans la majorité des cas, nous savons faire. Mais quand le problème est matériel, émotionnel ou personnel, la réactivité opérationnelle est amoindrie. L'agitation dans toutes ses formes prend le dessus. Le débit de voix s'élève. Les cris, les pleurs fusent ou l'accablement s'installe. Puis les déclarations à l'assurance s'enlisent, les devis de réparation tardent et les coups de fil rectificatifs se perdent.

Une autre approche est de regarder la situation telle qu'elle est : insupportable, douloureuse et réelle en reconnaissant que « ça y est : nous sommes dans l'épreuve de la fuite d'eau, du vol de marchandise, de la trahison professionnelle, etc. ». Quels que soient l'agitation et le degré d'aggravation, seule une série d'actions à mettre en place nous sortira du pétrin.

Prendre le problème à l'envers, c'est envisager non pas la perte immédiate et avérée, mais le gain parfois déjà visible ou encore caché de l'obstacle. Cette posture est inhabituelle, puisque nous ne sommes pas la cause de la difficulté. Elle nous a trouvés. L'accepter précocement économise les forces et fait de nous un détective d'investigation.

Il n'y a pas de gain sans perte, ni de perte sans gain, aussi brutales que ces affirmations puissent paraître. Sans rupture, il n'y aurait pas de renouvellement ni d'innovation. Sans le choc pétrolier de 1975, la France n'aurait jamais misé sur la résilience de ses citoyens et leurs capacités d'économie d'énergie[1]. Se dire qu'une police d'assurance va verser de quoi partiellement couvrir les frais d'un incendie est une piètre consolation et ne légitime en rien la recherche des problèmes. Mais leur occurrence répétée est comme une signalétique routière. Elle indique soit une capacité personnelle, même fortuite, de mise en danger, soit un signe d'alerte : la situation doit évoluer, nous avons à changer, à bouger et à *avancer autrement* dans le courant de la vie.

Les cambriolages, les nuisances, les travaux qui n'en finissent pas font déménager. Les ruptures sentimentales font travailler sur soi et sont un passage obligé pour redevenir disponible. Les ruptures professionnelles sont l'occasion de quitter des cases devenues trop étroites et parfois même de créer sa structure. Nous ne rencontrerons ce et ceux qui nous attendent que parce que nous sommes aujourd'hui contraints de passer un cap ou de changer d'aiguillage.

Sans crise, sans problème, nous ne bougerions pas. Nous nous accommoderions d'une vie qui ne convient pas ou plus vraiment. Nous différerions la séparation, le départ ou la grossesse. Nous repousserions ainsi les rencontres et les opportunités à venir. Sortir d'une zone de confort ressemble à une sortie de route difficilement maîtrisable et dangereuse. Mais l'écart assumé met souvent à l'abri d'un crash ultérieur, quand bien même nous faisions les choses à l'endroit. Le problème force à clarifier notre posture.

1. « Nous n'avons pas de pétrole mais nous avons des idées » est devenu le slogan national unifiant d'une nation prise en étau par la montée du prix du baril de pétrole. Chaque génération a sa méthode.

Quand les règles sont celles de l'araignée et non les vôtres, n'oubliez pas que vous avez des ailes. Prendre le problème à l'envers, c'est se pencher sur le bénéfice qu'il véhicule, à moyen et à long terme. Appliquez la lecture rétrospectivement aux problèmes rencontrés dans le passé.

Ne concluez pas trop vite que vous êtes la cause des problèmes.

Ne prenez pas les choses de manière personnelle.

Affirmez vos différences. Tirez-en partie.

Laissez advenir les solutions invisibles aujourd'hui. Elles existent mais vous ne les voyez pas encore.

Courez après vos talents, pas après vos rêves.

Prendre le problème à l'envers quand il s'agit d'un objet consiste à *devenir* l'objet. Le changement de perspective est intrigant. Il nous rend soudain curieux d'une mécanique qui a sa propre cohérence. Le photographe brésilien, Sebastião Salgado, en parle très bien quand il décrit sa difficulté à photographier une énorme tortue[1]. À chaque tentative de gros plan, la tête disparaissait dans la carapace. Puis il se mit à *penser tortue*. Il s'accroupit immédiatement. L'animal, en confiance en présence d'une forme à sa hauteur, sortit sa tête sans plus hésiter.

1. Sebastião Salgado, *De ma terre à ma terre*, Presses de la Renaissance, Paris, 2013.

Économisez vos forces. Devenez l'adversaire ou l'objet qui vous résiste et voyez le problème d'un angle complémentaire au vôtre.

***

## Si vous ne faisiez qu'une seule chose pour prendre les problèmes à l'envers :

Cherchez systématiquement le bénéfice d'un problème au moment où il vous tombe dessus.

## Si vous n'avez que cinq minutes :

Remerciez mentalement la personne qui vous a fait trébucher, que cela soit la veille ou il y a bien longtemps. Grâce à elle, vous avez gagné en sagesse ou en discernement.

Repérez la typologie des problèmes les plus courants et écrivez un mot d'adieu à votre capacité d'exaspération. Sourire à une difficulté ne la rendra pas plus méchante mais faire la gueule au plombier ou à l'assureur est assurément contre-productif.

# 22

# N'ignorez pas la mort

*La mort est une virgule,*
*sur une ligne invisible.*

La mort sépare et la mort rassemble. Lorsque l'on assiste au départ – agonie ou passage serein de ceux qui meurent – s'impose une évidence : seul le lien de vie avec ceux et celles qui ont croisé notre route compte. Les ennemis, à ce moment-là, se teintent, non pas de qualités qu'ils n'auraient pas, mais d'une humanité partagée. Comme nous, ils représentent la vie qui continue.

La mort n'est pas un concept. La mort est une réalité que nous côtoyons chaque fois que nous passons à côté d'un hôpital, que nous nous asseyons sur une chaise de famille ou feuilletons un livre écrit avant notre temps. Chaque bâtiment, chaque quartier, chaque monument a été bâti par des équipes qui ne sont plus toutes là. Chaque rivière, chaque chemin a été foulé avant nous par des êtres que nous ne connaîtrons jamais et qui, comme nous, se relayaient après ceux et celles qui les avaient précédés. Si leurs affaires, bagues, outils ou tabouret, sont maintenant nos affaires, nous ne faisons que les emprunter avant de les passer à d'autres.

Les disputes familiales qui durent maintiennent le lien, aussi pathogène et délétère soit-il, avec ceux que nous ne pouvons quitter, quelle qu'en soit la raison. Celle-ci peut être karmique, légale et bien évidemment affective. Nous les haïssons pour continuer à les aimer *autrement*, dans une version dégradée d'un amour impossible ou interdit par des loyautés toujours en place. La raison, voire la rationalisation, peut les expliquer mais non les apaiser. Lorsqu'il s'agit d'un lien de haine recouvrant un attachement problématique mais sincère, ces loyautés invisibles perdent naturellement leur sens au moment du décès. Comme des liens d'amour trafiqués, frelatés, qui s'évaporent au moment où les étreintes se refont, peut-être parce que le défunt tire enfin les bonnes ficelles.

Lorsque cette réinitialisation n'a pas lieu, il est vital de lâcher, de ne pas insister et de tourner la page. Des branches familiales qui ne se recousent pas, comme des greffes qui ne prennent pas, indiquent la fin d'une histoire qui est morte ou qui n'a jamais vraiment été. Comme un arbre dont la sève est épuisée, les fibres défaites et la place prise. C'est ailleurs que la vie reprendra. Plus tard. Parfois elle a déjà repris, loin, avec des familles étrangères. Les racines vives sont loin des racines officielles.

Et les promesses ont la vie dure. Mon oncle et parrain m'a promis le jour de l'enterrement de mon père qu'il garderait le lien avec moi, en dépit de son lien problématique avec ma mère. Il n'en a rien été. Le silence a été absolu jusqu'à son décès, trente-trois ans plus tard. Officiellement, il a failli à son double engagement. En réalité, sa promesse a gelé un attachement qui n'était pas et n'avait sans doute pas lieu d'exister. Une erreur de casting. Ces dernières n'existent pas que dans les films. Une promesse non tenue est comme une immense toile d'araignée, matelassée par de multiples retissages au fil des années, jusqu'à ce que quelqu'un ait enfin l'audace de la déchirer d'un grand coup d'avant-bras. Arrive un jour où l'incongruité de l'attente inutile s'affiche au grand jour. L'énergie était vide et l'araignée n'a jamais été là.

La promesse non tenue est à lire comme une étape d'initiation. Il faut y comprendre que l'autre, les autres, dont nous attendions tant, sont des coquilles vides sur notre chemin d'incarnation. Notre attente, bien que compréhensible, se base sur du vide, une branche sans sève. Le temps a confirmé l'absence de match (énergétique) véritable entre cet oncle et moi. Le constat d'une réalité non opérante, sans affect ni attente, est une avancée majeure dans une vie. Elle atteste d'une capacité à être soi sans appui sur l'autre. Bien que visible, cet appui n'est pas : il est sans réalité énergétique. Le lien n'a pas d'autre teneur que de sembler être ce qu'il n'est pas.

La place prise par ce *vide pensé plein* devient alors disponible pour de la vie nouvelle, avec d'autres qui nous méritent ou que nous méritons davantage. Certains ont toujours été là, attentifs, discrets et patients. Ce sont ceux qui nous choisissent et à qui notre existence n'a pas été imposée par une famille, un clan, une société. Ce sont ceux qui vont venir à notre rencontre dans cette vie-ci ou les suivantes maintenant que la place est nette. Les familles de vie (et non de sang) sont liées par des liens énergétiques qui se choisissent ou se retrouvent. Leur trame de vie est déjà mêlée à la nôtre. Ces liens sont porteurs de vitalité. Ils ne s'expliquent pas. Aucun arbre généalogique, pour le coup, ne les révèle.

Pour le défunt, la mort est un seuil. Pour les vivants, elle est un révélateur d'essentiel. Elle calme le jeu et finit les histoires (déjà) closes. Elle cristallise les affaires anciennes et fait resurgir les scories qui méritent l'attention. Elle réveille les liens qui n'étaient qu'en sommeil et que nous pensions morts. La mort fait du tri et relance quelques dés. Elle indique quelles parties sont terminées, en cours ou restent à jouer.

La mort est un guide patient, attentif et utile. À ses côtés, nos différences ne comptent plus. Lorsque celles-ci continuent à se renforcer ou ne s'estompent pas encore, c'est que le temps d'apprentissage est toujours en cours. Jusqu'au jour où, comme un vrai maître, elle sait dire au disciple de prendre son balluchon pour continuer sa route là où il convient maintenant d'aller. Dans les histoires d'arts martiaux, le disciple, pourtant déjà accompli dans sa discipline, doit obéir, rassembler quelques affaires, quitter ce qu'il a construit et accepter de suivre une nouvelle direction. La rupture économique, affective, professionnelle qui s'ensuit n'a sur le moment aucun sens. Celui-ci viendra plus tard. La personne doit quitter pour rencontrer la suite. Ce qui est quitté, c'est une part de soi en voie de devenir obsolète et donc trop *yin*[1]. La rupture, cette petite mort, permet de *continuer sa route* et de rester du côté du vivant (forces *yang* ou forces de vie).

---

1. L'immobilité extrême est la mort. L'immobilité est une force *yin* comparativement au mouvement.

Parce que la mort demeure un mystère et qu'elle nous touche tous, elle ouvre des fenêtres vers l'inconnu, au-delà des questionnements qu'elle soulève. Se cristallisent autour du lit des mourants des enseignements, des messages qui comme des poussières d'étoiles informent et apaisent. Lorsqu'il est encore possible de veiller ceux qui sont à l'orée de leur grand départ, les moments de silence où le mourant dort instituent une proximité avec un monde qui nous résiste. Et pour cause. Le temps par moments s'accélère. L'essentiel se clarifie et les fluides invisibles agissent. Veiller un mourant est un immense privilège et un cadeau du ciel. En voilà deux exemples.

Alors que ma mère était à l'agonie, mon ami Nicolas me contacte pour me confier une clé *invisible* provenant d'un trousseau *virtuel* qu'il détient d'une initiation ancienne. Je pense au départ qu'il va m'envoyer une vraie clé, puis je comprends la teneur du geste. En clair, je dois donner une clé (invisible) à ma mère. Ce message s'impose immédiatement comme une réponse possible, quoique incompréhensible, à des questions revenant en boucle chez elle sur la suite, l'issue, la fin, la mort. Alors qu'elle est assommée par la morphine, je pose *la clé* près d'elle, à côté de sa main gauche, sur la couverture bleue. Quelques secondes plus tard, elle ouvre les yeux, me regarde et me dit distinctement, avec calme : « La clé n'est pas pour les humains. » Puis elle se rendort aussitôt, comme apaisée. J'avais gardé mon geste secret. Personne n'était au courant, pas même ma fille présente dans la chambre qui ne comprend pas ce qui vient de se passer. Or la clé, dont je ne savais rien de plus, venait d'être rendue. Elle était maintenant à sa place, hors de portée des humains. Ma mère est décédée très peu de temps après.

Les signes prennent leur sens après coup. Quelques jours avant, ma mère, qui semblait halluciner sous l'effet des opioïdes, m'avait interpellée. Assise au pied de son lit, j'étais en train de lire. Le temps de relever la tête, elle avait dit : « La porte est tout ouverte derrière toi, avec une grande lumière. Cet homme veut te parler. Tu n'as pas fait attention, tu ne l'as pas vu. » Le temps de saisir, je lui ai demandé si elle était sûre que c'était moi qu'il voulait, et non pas elle. Elle était formelle. J'ai pensé alors à la Mort, venue me chercher moi, *à sa place à elle*. Surprise, voire mal à l'aise, mon réflexe a été de vérifier quels vêtements portait cet « homme ». La réponse était nette et sans appel : « Il était en chemisette. » Avec une chemisette bleu ciel, cela ne pouvait pas être la Mort. Était-ce mon père ? Elle m'a dit que non. J'ai quitté l'hôpital ce soir-là avec une interrogation. Le lendemain matin, mon ami Nicolas m'appelait pour me donner la clé.

Nous cherchons souvent les causes et les racines de nos expériences, malheurs et rencontres dans le passé. Or les raisons de ce qui nous arrive sont aussi enracinées dans un futur non encore advenu[1], comme le propose le thérapeute suisse Guillaume Lemonde. Sans le licenciement, l'accident ou la trahison d'hier, nous ne serions pas là où nous en sommes aujourd'hui, aussi insupportable que ce propos puisse être. Ces difficultés ont ouvert d'autres chemins, ignorés jusque-là, faisant revenir la vie dans nos vies.

Selon le médecin Alexandre Leroy, l'une des clés est de revenir culturellement sur la perception de la

---

1. Guillaume Lemonde, *Les Paysages de nos quêtes*, Lindisfarne Books, Paris, 2018.

mort dans notre société. « À une autre époque, les gens étaient plus familiers avec la mort, aujourd'hui on a perdu ce rapport. Il faudrait désocculter le débat[1]. » Accueillir la suite – avec la confiance des guérisons à venir et la conscience de ce que la vie a un terme – est paradoxalement un bien meilleur investissement que de décoder, plus longtemps que nécessaire, le passé. La mort, acceptée comme une borne et un passage de gué, réconcilie avec la vie.

La très innovatrice Parsons School of Design à New York encourage la recherche et la conception d'outils visant à mieux aborder les questions complexes entourant la mort. L'une des réalisations est une boîte à outils à destination des soignants, invitant les discussions honnêtes et ouvertes avec les patients en fin de vie[2].

***

## Si vous ne faisiez qu'une chose pour ne pas ignorer la mort :

Demandez-vous l'âge auquel vous souhaiteriez partir, si vous aviez le choix, sachant qu'il ne peut s'agir que d'un vœu pieux. En clair, cela ne vous engage pas et il ne s'agit pas d'un pacte avec le diable. La projection verbalisée va mettre en lumière le contrat tacite engagé

1. https://www.francesoir.fr/videos-le-defi-de-la-verite/dr-alexandre-leroy.
2. Pour plus d'informations : https://designforlivinganddying.com/poetics.

entre vous et votre fin. Tant que vous ne le conscientisez pas, c'est un peu comme si vous ne changiez jamais le code d'accès initial de votre téléphone portable. Votre vie, aussi complexe, intéressante et riche soit-elle, se déploie dans un espace temporel proposé par défaut.

Traduisez ce temps en années, c'est-à-dire en nombre de noëls, d'étés, de printemps, etc. afin de mettre en perspective la lenteur et la brièveté d'une vie. Ne finissez pas l'exercice sans remplacer la valeur par défaut.

Comparez cet âge à celui de ceux et celles déjà décédés dans votre famille. Faites cet exercice une fois par an. N'hésitez pas à changer le code.

## Si vous n'avez que cinq minutes :

Nommez une qualité qui pourrait être verbalisée lors de vos funérailles. Écrivez-la dans un endroit secret, néanmoins trouvable par ceux qui s'occuperont de la cérémonie.

Les plus audacieux rédigeront leur propre notice nécrologique. Il en restera bien quelque chose le moment venu. Certains vous en sauront gré.

# 23

# Restez vigilant

*Vous êtes le gardien*
*de votre vitalité.*

Les années de paix, les décennies d'amour et la facilité font oublier les guerres, le poids de la solitude et l'intérêt de rester en alerte. Les aguerris, littéralement ceux qui ont survécu au combat, finissent toujours par être minoritaires. Arrive un jour où les anciens, les parents, les historiens passent pour des enquiquineurs et des rabat-joie. La parole est donnée à d'autres, porteurs d'enthousiasme, d'audace et d'un message « nouveau ». Les guerres anciennes ne sont plus celles d'aujourd'hui, les réponses au danger ont changé et les mémoires se sont tues.

Les drones ont pris le relais des fantassins. Les e-mails sécurisés remplacent les lettres de mission, marqués d'un sceau royal. Les présidents téléprésident et les décideurs communiquent. Le monde a effectivement changé, en apparence.

Nous savons traquer et ventiler les pollutions par pays et par industrie et lister les espèces en voie de disparition. Nous savons analyser, répertorier et communiquer. Ponctuellement, nous avons même appris à remédier. Mais qu'arrivons-nous à faire globalement et durablement pour enrayer les effets délétères de nos choix de société ? Nous avons renforcé nos capacités réactives face aux risques – sanitaires, climatiques et sociaux. Vivons-nous vraiment dans un monde plus sûr ? Sommes-nous heureux ?

Les burn-out professionnels, les inondations et les incendies en chaîne, la désespérance des populations disent le contraire. Ils attestent d'une lenteur à modifier nos modes de faire et d'une impuissance à nous confronter aux conséquences de nos actes. Il aura fallu un virus microscopique pour ralentir l'accélération exponentielle de la consommation en réduisant les déplacements, freinant la croissance et confinant les populations.

Personne d'autre que nous, passé l'enfance, ne peut être tenu responsable de notre équilibre, de notre santé et de notre vitalité. Notre responsabilité de vigilance est entière. L'historien Timothy Snyder, dans son manifeste contre la tyrannie[1], énumère des actions simples et utiles pour faire barrage à la perte de la liberté individuelle. Mais il n'y a pas d'exercice de liberté sans vitalité individuelle.

La vitalité d'une société, c'est-à-dire sa capacité à prospérer, dépend de la vitalité de chacun de ses membres. La mobilisation collective n'est fertile et durable que si elle s'appuie sur une conscience individuelle des enjeux.

---

1. Timothy Snyder, *De la tyrannie*, Gallimard, Paris, 2017.

La prospérité repose sur l'alliance des forces individuelles au service d'un bien commun. En énergétique chinoise, l'enjeu premier n'est jamais la richesse mais toujours la santé, c'est-à-dire la capacité à autoréguler notre système corps-âme-esprit. Cette responsabilité individuelle de « prise de pouls » atténue les effets de chocs inévitables au sein d'une vie. Elle permet aussi un rebond plus facile après toute épreuve.

Si le monde a changé, les épreuves et les parades sont les mêmes. Les prédateurs ont modifié leur apparence. Les formes d'asservissement sont différentes. Les modes de tromperie ont évolué. Les guerres contre les microbes et les batailles techniques, puis technologiques, ont été gagnées. Nous nous sommes habitués à vaincre l'impossible et à repousser les montagnes. Derrière les montagnes, nous avons trouvé le vide, le vide de ressources et le vide de sens.

Les écoles, les gouvernements, les modèles en place ne suffisent plus à enseigner les actes vertueux permettant l'économie des ressources communes et le partage des forces réparatrices. À qui sont destinés les panneaux demandant de ne pas jeter de détritus, de mégots de cigarette, etc. dans nos lieux publics et dans nos forêts ? Aux animaux ? Aux plantes ? Aux ermites ?

Non, ces messages nous sont destinés. Nous savons lire et il est encore temps de voir. Lorsque le système s'emballe et que la suite apparaît confuse, seule la capacité individuelle à garder le cap, chacun à notre place, représente une chance de survie collective. Le moment du repli est passé. Celui de se redresser est arrivé. Non pas pour mener des guerres inutiles mais pour assurer, chacun à notre échelle, le maintien de la vie, en nous d'abord, puis autour de nous.

La solution (parade) unique et définitive n'existe pas. Sans biodiversité des solutions, les améliorations sont fragiles et temporaires. La science a montré son efficacité et ses limites. C'est à la conscience de prendre maintenant le relais. Aucun protocole national ne dispense de gestes simples, efficaces et répétés localement et globalement pour parer aux enjeux de notre siècle. Science et conscience ont à se trouver et à collaborer.

C'est par le lien resserré et quotidien avec notre vitalité que nous assumons notre capacité à faire bouger les lignes. C'est parce que nous montons la garde et préservons notre territoire énergétique que la vie qui coule en nous peut agir et collectivement bouger les montagnes.

Soyons vigilants. Protégeons nos forces. Nourrissons le capital d'énergie vitale qui nous a été confié au début de cette vie-ci. Ne taisons pas nos difficultés mais osons parler de ce que nous mettons en place pour nous redresser, encore et encore et rester debout.

***

## Si vous ne faisiez qu'une chose pour rester vigilant :

Appliquez aujourd'hui le dernier bon conseil que vous vous êtes fait. Qu'il s'agisse de se coucher plus tôt, de se lever plus tard ou de boire un verre de moins, ne différez pas.

## Si vous n'avez que cinq minutes :

Mettez à jour la liste de vos amis.

# Épilogue

*La vitalité est l'ambassadrice*
*de la joie de vivre.*

La vie, c'est aujourd'hui, au moment même où vous lisez ces lignes, allez chercher vos enfants à l'école, croisez un inconnu, réparez un vélo, un fichier ou une amitié. Le bonheur se glisse, se tapit, se niche dans les creux et les fissures du quotidien. Il n'est jamais bien loin. Il nous ignore beaucoup moins que nous l'ignorons, occupés à le chercher là où il n'est pas, à l'embusquer et à l'attraper de force. Il se rit de nos efforts, s'amuse de nos stratégies et attend son heure pour nous tomber dessus.

Comme un animal qui nous serait confié, le bonheur n'est ni un dû, ni un droit, ni un acquis. Il s'apprivoise. Il doit se sentir accueilli, protégé, compris. Il surgit d'un alignement entre l'être que nous sommes – avec toutes nos différences, nos qualités et nos défauts –, un moment privilégié et un ancrage sur une terre qui nous ressemble. Le bonheur trouve sa source dans notre capacité à poser des actes simples qui nous correspondent et nourrissent la vitalité, chaque jour, tous les jours.

Vivre est un acte de confiance immodérée et inconditionnelle dans les forces qui nous a été confié le temps d'une incarnation. Quoi qu'il nous ait été dit, nous ne sommes pas venus pour rien, pour être seul et ne servir à rien.

En investissant dans notre vitalité, nous protégeons et faisons fructifier une énergie renouvelable, qui ne coûte que le prix d'une discipline personnelle au service de soi.

Nous seuls pouvons valider le sens donné à notre vie. L'âme sait ce qui nous nourrit. L'instinct sait nous guider. Le corps sait nous porter là où la vitalité nous attend. Aimons-nous suffisamment, non pas aux dépens des autres, mais en respect de nos limites.

Faisons du bien à nos molécules. Ne leur demandons pas de nous rendre heureux. Rendons-les heureuses. Puis, laissons ce feu intérieur faire son œuvre et la joie de vivre nous trouver en faisant, chaque jour, le choix de la vitalité.

# En résumé
# Les gestes de la vitalité

**1. Levez-vous**... Ne serait-ce que pour aller mettre le nez à la fenêtre.

**2. Allégez-vous**... Ne serait-ce qu'en vous débarrassant d'un objet, d'un vêtement, d'un document que vous n'utilisez jamais.

**3. Aimez vos cicatrices**... Ne serait-ce qu'en passant un petit peu de crème de soin sur la peau à l'endroit d'une blessure ancienne.

**4. Honorez vos anciens**... Ne serait-ce qu'en vous rappelant un moment de bonheur, aussi furtif fût-il.

**5. Poussez vos limites**... Ne serait-ce qu'en résistant aux habitudes de bien faire, de tout faire, de faire encore et surtout de faire pour d'autres que vous.

**6. Perdez-vous**... Ne serait-ce qu'en changeant le parcours pour aller travailler ou faire vos courses, à pied, en vélo ou en voiture.

**7. Apprenez encore**... Ne serait-ce qu'en ouvrant un dictionnaire au hasard et en repérant le mot que vous ne connaissez pas. Cela peut se faire par une recherche en ligne.

**8. Habitez votre corps**… Ne serait-ce qu'en suivant visuellement le parcours des aliments que vous ingérez à l'intérieur de vous.

**9. (Re)trouvez votre terre**… Ne serait-ce qu'en vous tournant face à la direction dont vous aimez le plus la lumière. (Est pour la lumière du matin. Ouest pour le soleil couchant. Sud pour la lumière de midi. Et en lui tournant le dos pour le nord.)

**10. Ennuyez-vous**… Ne serait-ce qu'en acceptant de ne pas reprogrammer ce qui viendrait à s'annuler.

**11. Célébrez vos avancées**… Ne serait-ce qu'en vous offrant sur-le-champ votre breuvage favori servi dans le plus beau verre à pied ou tasse que vous ayez.

**12. Laissez couler**… Ne serait-ce qu'en notant en quelques mots au crayon de papier votre souci du moment avant de gommer entièrement ce texte.

**13. Sortez du binaire**… Ne serait-ce qu'en résistant au choix exclusif lors d'une prochaine occasion : achetez les deux desserts, acceptez d'avoir tort et raison, ce que vous faites bien et ce que l'autre fait bien.

**14. Acceptez**… Ne serait-ce qu'en remerciant l'univers ou le ciel ou votre Dieu de vous avoir donné un tel degré d'autonomie dans la recherche de solutions.

**15. Écoutez les générations qui vous suivent**… Ne serait-ce qu'en passant à côté d'une cour d'école au moment de la récréation.

**16. Nourrissez votre âme…** Ne serait-ce qu'en rappelant à vous les mémoires de plénitude dans des lieux et des moments de votre passé, et ce même si elles n'ont pas duré.

**17. Ne renoncez pas…** Ne serait-ce qu'en déposant un petit caillou par désir et rêve non accompli et en suspens à ce jour dans une petite boîte dont vous seul connaîtrez l'emplacement.

**18. Accueillez le rebond…** Ne serait-ce qu'en disant oui à vous-même et à votre force, aux premières lueurs du jour demain matin.

**19. Pratiquez l'inertie…** Ne serait-ce qu'en différant à un autre jour une tâche ou une corvée que vous pourriez très bien faire aujourd'hui.

**20. Osez initier…** Ne serait-ce qu'en partageant avec d'autres – amis, inconnus, collègues, frère ou sœur – un moment clé de votre histoire, tu jusqu'à présent.

**21. Prenez les problèmes à l'envers…** Ne serait-ce qu'en vous interrogeant sur le bénéfice possible de ne pas résoudre tous les problèmes qui frappent à votre porte.

**22. N'ignorez pas la mort…** Ne serait-ce qu'en osant vous projeter dans une hypothétique vie d'après en ayant dans celle-ci coché les bonnes cases, celles qui correspondent à vos forces, envies et désirs.

**23. Restez vigilant…** Ne serait-ce qu'en vous rappelant que votre corps est un vaisseau qui, comme un animal fidèle, mérite attention et bienveillance.

# Pour aller plus loin


Beaucarnot, Jean-Louis, Jovanovic-Floricourt, Nathalie, *Quoi de neuf dans la famille ? Notre arbre généalogique à la lumière des tests ADN* ?, Buchet-Chastel, Paris, 2021.

Bohler, Sébastien, *Le Bug humain. Pourquoi notre cerveau nous pousse à détruire la planète et comment l'en empêcher*, Robert Laffont, Paris, 2019.

Brion, Françoise, Tonnerre, Luc, Bourgois, Francis, *Soignez vos cicatrices physiques, énergétiques et émotionnelles*, Bussière, Paris, 2019.

D'Adamo, Peter J. *4 Groupes sanguins. 4 régimes*, Michel Lafon, Paris, 2003.

Dillenseger, Marie-Pierre, *L'Alignement*, Mama Éditions, Paris, 2021.

—, *Debout. La force de s'incarner*, Mama Éditions, Paris, 2019.

—, *Oser s'accomplir. 12 clés pour être soi*, Mama Éditions, Paris, 2016.

—, *La Voie du Feng Shui*, Dunod, Paris, 2016.

Doidge, Norman, *Les Étonnants Pouvoirs de transformation du cerveau. Guérir grâce à la neuroplasticité*, Press Pocket, Paris, 2017.

Gagliano, Monica, *La femme qui tendait l'oreille aux plantes*, Marabout, Paris, 2021.

Graeber, David, *Bullshit Jobs*, Les liens qui libèrent, Paris, 2018.

Gueberschwihr, Catherine de, *À l'ombre d'un tilleul. Les vies des sœurs d'Unterlinden*, Arfuyen, Orbey, 2021.

Jung, Carl G. *Collected Works*, vol. 5 : *Symbols of Transformation*, Bollingen Series XX, Princeton University Press, New York, 1956.

La Fontaine, Jean de, *Fables*, Le Livre de Poche, Paris, 2002.

Lao Tseu, *Le Livre de la Voie et de la Vertu*, Flammarion, Paris, 1979.

Lemonde, Guillaume, *Les Paysages de nos quêtes*, Lindisfarne Books, Paris, 2018.

Lévy, Hervé, Louis, Stéphane, *Balades pour se perdre. Vosges*, La Nuée Bleue, Strasbourg, 2020.

McDougall, Joyce, *Plaidoyer pour une certaine anormalité*, Gallimard, Paris, 1978.

Midal, Fabrice, *Pratique de la méditation*, Le Livre de Poche, Paris, 2016.

—, *Suis-je hypersensible ?*, Flammarion, Paris, 2001.

Miller, Alice, *C'est pour ton bien*, Flammarion (Champs), Paris, 2015.

Munthe, Axel, *Le Livre de San Michele*, Albin Michel, Paris, 1988.

Philbrick, Nathaniel, *In the Heart of the Sea. The Tragedy of the Whaleship Essex*, Penguin Books, Londres, 2001.

Plomin, Robert, *Blueprint. How DNA Makes Us Who We Are*, MIT Press, Cambridge, 2019.

Rabelais, François, *Pantagruel*, Gallimard (Folio), Paris, 1973.

Radinger, Elli H. *La Sagesse des loups*, Guy Trédaniel, Paris, 2018.

J.-H. Rosny, *La Guerre du feu*, Le Livre de Poche, Paris, 2015.

Salgado, Sebastião, *De ma terre à ma terre*, Presses de la Renaissance, Paris, 2013.

Segonds Dufour, Anne-Catherine, *Le Petit Manuel du bien souffrir*, Kawa, 2018.

Snyder Timothy, *De la tyrannie*, Gallimard, Paris, 2017.

Watzlawick, Paul, *Comment réussir à échouer*, Seuil, Paris, 2014.

—, *Faites vous-même votre malheur*, Seuil, Paris, 2014.

Willem, Jean-Pierre. *Les Intolérances alimentaires : « Je ne veux plus être malade »*, Guy Trédaniel, Paris, 2012.

***

*Dr House*, série américaine (2004-2012).

*My Octopus Teacher*, documentaire de Pippa Ehrlich et James Reed, 2020.

*Tout est possible* (*The Biggest Little Farm*), documentaire de John Chester, 1988.

Remerciements

Je remercie les êtres visibles et invisibles qui, par leur écoute, histoire et bienveillance, ont permis à celle que je suis de devenir qui elle est. Je remercie mes Guides, passés et à venir, de leur présence et de leur soutien.

Je remercie tout particulièrement mon éditeur, Fabrice Midal, d'avoir croisé mon chemin et d'avoir su m'apprivoiser. Merci à toute son équipe chez Robert Laffont.

Je remercie les lieux et les moments qui m'ont apporté la paix pour écrire.

www.mpdillenseger.com
www.linkedin.com/in/mpdillenseger
YouTube (Marie-Pierre Dillenseger)
Instagram (mpdillenseger)

# Les cinq livres

Mes livres, comme mes cours ou mes conférences, ne se répètent pas. Chacun offre un autre éclairage sur les pratiques d'éveil et d'accomplissement. Ils constituent de véritables boîtes à outils, au service du déploiement des forces individuelles et de la reconnaissance de l'essentiel. Leur lecture n'a pas à respecter les dates de parution ni l'ordre des chapitres. Ceux et celles qui connaissent les arts martiaux et l'énergétique chinoise, celte ou indienne, puiseront dans ces textes des informations et des exercices directement applicables dans leur pratique.

***La Voie du Feng Shui. Chevaucher le temps, apprivoiser l'espace, trouver sa place*** (2016, réédition 2022) pose la différence fondamentale et la complémentarité entre les perspectives occidentales et chinoises du temps et de l'espace. Nous ne lisons pas les lieux et les moments de la même manière. Nous n'avons ni les mêmes yeux, ni les mêmes outils. Cet ouvrage est destiné à tous ceux et celles qui, curieux ou chahutés par la vie, cherchent à mieux habiter leurs lieux et à prendre leur place.

***Oser s'accomplir. 12 clés pour être soi*** (2019) propose douze postures (douze chapitres) essentielles à l'équilibre personnel et à la clarification des enjeux. Ce livre se centre sur l'individu, ses talents innés et incompressibles, dans un objectif affirmé d'avancée vers l'autonomie individuelle. Modelé selon les enseignements des arts martiaux, il nourrit la pratique plus que la réflexion et constitue un chemin d'apprentissage en douze étapes.

***Debout. La force de s'incarner*** (2021) pose comme centrale la question du chemin d'incarnation et de la mission de vie. Il relève neuf défis d'incarnation, cinq épreuves et huit parades pour se dégager, aussi graduellement et aussi efficacement que possible, de qui nous ne sommes pas et assumer l'être incarné que nous sommes.

***L'Alignement*** (2021), coffret de 150 cartes et livret, facilite la mise en pratique et en mouvement des douze postures fondamentales proposées dans *Oser s'accomplir*.

***Le Feu intérieur. 23 pratiques quotidiennes pour libérer votre vitalité*** donne vingt-trois injonctions claires et directes, utiles au déploiement et à la consolidation des forces de vie. Chaque chapitre trouvera ses lecteurs au moment précis où l'outil leur est nécessaire. L'ordre de lecture est indifférent. Les conseils boostent autant que rassurent ceux ou celles qui ont compris que le chemin est devant eux, que chaque pas est une avancée et que la confiance n'est à attendre ni d'autrui ni d'ailleurs. Elle est en nous, en attente d'être notre invitée.

# Table des matières

## FABRICE MIDAL PRÉSENTE

AUX ÉDITIONS ROBERT LAFFONT

Michael Greger
*Soyez l'expert de votre alimentation*, 2021

Natalie Goldberg
*Pourquoi écrire va vous rendre heureux*, 2021

Thich Nhat Hanh
*Nous sommes la Terre : l'humain au cœur de l'écologie*, 2021
*Prendre soin de l'enfant intérieur*, 2021

Tara Brach
*La Méthode R.A.I.N.*, 2021

Satish Kumar
*Comment j'ai appris la simplicité*, 2021

Tal Ben-Shahar
*Les 5 clés du bonheur*, 2021

Nicole Prieur
*Les Trahisons nécessaires : s'autoriser à être soi*, 2021

Solène Daoudal
*Hypnocontes : 18 nouvelles pour trouver son apaisement intérieur*, 2022

Margot Fried-Filliozat
*L'Intelligence intime*, 2022

Sadhguru
*Karma : le guide d'un yogi pour façonner sa destinée*, 2022

Ce livre existe grâce au travail de toute une équipe.

*Communication* : Caroline Babulle, Sandrine Perrier-Replein, Typhaine Maison, Adélaïde Yvert, Inès Paulin.

*Coordination éditoriale et administrative* : Céline Poiteaux, Martine Rivierre.

*Studio* : Pascaline Bressan, Barbara Cassouto-Lhenry, Joël Renaudat.

*Fabrication* : Muriel Le Ménez, Céline Ducournau, Bernadette Cristini, Sophia Paroussoglou, Phousa Chantharath, Isabelle Goulhot.

*Correction* : Emmanuelle Coppeaux, Valérie Gautheron.

*Commercial, relation libraires et marketing* : Laetitia Beauvillain, Élise Iwasinta, Morgane Rissel, Perrine Therond, Aurélie Scart, Ombeline Ermeneux.

*Cessions de droits* : Isabelle Votier, Benita Edzard, Lucile Besse, Sonia Guerreiro, Costanza Corri.

*Gestion* : Sophie Veisseyre, Chloé Hocquet, Isabelle Déxès, Camille Douin.

*Service auteurs* : Viviane Ouadenni, Jean-François Rechtman, Catherine Reimbold.

*Ressources humaines* : Mylène Bourreau.

*Juridique* : Juliane Charbois, Laëtitia Doré, Anaïs Rebouh, Valérie Robe, Julia Crosnier.

*Diffusion* : Aurélia Spalacci, Nadine Eugénie, Céline Pitt, Arnaud Weill, Hervé Adamczyk, Annie Bourgade, Éric Charpentier, Gilles Couillard, Sandrine Ducrocq, Élisabeth Ehlinger, Guillaume Loras, Jean-Philippe Pilloux, Philippe Maulnier, Gilles Torché, Élisabeth Gastaldo, Jean-Pierre Stephany (Belgique), Olivier Béguin (Suisse), Emmanuelle Cadot, Virginie Godet et Caroline Pan.

*Avec le soutien des équipes d'Interforum et d'Editis qui participent à la création, la diffusion et la distribution de ce livre.*

Canoros Vehit Canentes

Composition et mise en pages
Nord Compo à Villeneuve-d'Ascq

FSC
www.fsc.org
MIXTE
Papier issu de
sources responsables
FSC® C003309

L'éditeur de cet ouvrage s'engage dans une démarche
de certification FSC® qui contribue à la préservation
des forêts pour les générations futures.

Pour en savoir plus :
www.editis.com/engagement-rse/

Imprimé en France par CPI
en avril 2022

N° d'édition : 63945/01
N° d'impression : 168977